北緯四〇度の秋田学◉目次

Ⅴ　歴史からみた北緯四〇度 69

Ⅵ　北緯四〇度の動植物 98

北緯四〇度の秋田学

まえがき

今、住んでいる秋田県南秋田郡五城目町という地域は、どのようなところだろうか？自問自答している。この地域は、どのような歴史的経緯をたどってきたのか。風土・文化など、どのように育まれてきたのか。生活する基盤の地理・地形の形成過程、地勢や気候、生態系などの自然環境はどのような特徴があるのか。ほかの地域と比較して、どのような違いがあるのか。見つめ直す必要があるだろう、と考えさせられる年齢になった気がする。

仕事などの関係から転勤が多く各地で居住した。一都四県。青森県では弘前市、黒石市、岩手県の盛岡市、山形県では新庄市、鶴岡市、長井市、県内では北秋田市鷹巣町、能代市、秋田市、湯沢市、そして東京都東村山市、小平市、北区赤羽で、一三回転居した。現在は実家である五城目町に居をかまえている。それぞれの地域には個性や特色があり、楽しい思い出があり、住めば都であった。

仕事は、土木技術者で、河川・ダム・海岸・砂防・地すべりなど「水」に関係する公共事業の計画・調査・設計や工事監理など、さまざまな分野を経験した。前半の四〇歳代前半までダム建設事業、後半は河川事業を担当した。ダム事業は、青森県黒石市の浅瀬石川ダム、西目屋村の津軽ダム、秋田県北秋田市森吉町の森吉山ダム、山形県飯豊町の白川ダム、朝日村の月山ダム。五ヶ所のダム建設に携わった。いずれのダムも現在は完成し、所期の目的の機能を発揮している。後半は県内の河川事業である。米代川、雄物川、子吉川の主に河川事業の基本となる「河川整備基本方針」と当面の実施すべき事業の方向性を定める「河川整備計画」などを担当した。

　現在は、第二の人生として、建設コンサルタントの会社に勤務している。前歴の経験を生かして水理関係の設計業務に携わっている。主に、国で事業を進める河川改修事業の調査や計画、土木構造物の設計などが主である。勤務先の会社は、平成三一（二〇一九）年三月に創立六〇周年をむかえた古い歴史をもつ技術集団のコンサルタントである。最近の土木技術は、低頻度の巨大災害を念頭に、想定を超える規模の災害対応、情報通信技術（ＩＣＴ）の活用など、従来からの技術蓄積から更なる加速で日進月歩の速さで新たな展開をみせている。また、建設業界全体で、現場技術者や労働者の不足、高齢化などに対応する働き方改革を積極的に取り組んでいる。仕事の関係上、事業に関連する他分野の学識者や専門家、自治体職員、地元の諸団体や関係者、地権者などと接する機会が多かった。これらの方々から、貴重な経験と数えきれないほどの心に残る教えをいただいた。

　白川ダムは昭和五〇（一九七五）年代前半の勤務であった。山形県の中でも豪雪地帯である。ダム上流の奥地集落は、冬季間は交通が遮断されて越冬生活を余儀なくされた。茅葺き家屋の周りには、沢水を利用した水路がはりめぐらせて水が循環し、フナやコイなどの魚類を養殖し、鶏などのタンパク源も確保していた。秋になると茅葺き屋根の上はブルーシートが覆われる。降雪期には、屋根に積もった雪が自然に滑り落ち水路に落下する。除雪作業の省力化と冬季の食料確保のため、生活の知恵と工夫があった。生業は林業と山の天恵物の採取である。浅瀬石川ダムでは水没移転者のなかで三度目の人がいた。最初は農業用水ため池の二庄内ダム、移転先では沖浦ダムによって再移転、そして浅瀬石川建設であった。移転先をダム建設予定地に土地を求めたがゆえの宿命であった。津軽ダムでも、目屋ダム建設にともなって高台に移転した川原平集落全体が再移転を余儀なくされた。森吉山ダムでは、ダムによる水没

など で、二〇〇戸が移転を余儀なくされた。ダム建設事業は、下流域の受益のために、上流域の人びとの犠牲のうえに成りたっている

河川は、流域住民の生活と密接に関わる存在である。地元の人たちは、先祖伝来の土地や墳墓を守るため選択の余地なく、そこに生活してきた。自分達の住んでいる土地の与えられた条件を了解し、良い面も悪い面も全て受け入れている。洪水被害や干ばつに悩まされてきた。下流域の人々のために移転を余儀なくさた人びとがいる。堤防構築のため、家屋移転や田畑を手放さなければならない場合もある。

これらの業務の経験から多くのことを学んだ。その地域の気候や風土、文化、歴史的背景、民俗や伝統、習俗などを深く理解しなければならないことを。安全・安心、よろこばれ、親しみをもって感謝される公共土木施設の資産とは、どのようなものなのか、と痛切に感じられた。地域のアイデンティティの認識が必要ということである。

池田勇人（明治三二（一八九九）年~昭和四〇（一九六五）年）は、大蔵官僚から衆議院議員七期在任（宏池会会長）し、昭和三五~三九（一九六〇~六四））年までの期間、三次にわたる内閣総理大臣を歴任した。戦後まもない復興期に所得倍増を唱え、高度成長政策を推進した政治家である。現在の社会経済体制の基礎を築いた人物でもある。「国づくりは人づくり」という名言を残した。人材育成は時代が変わっても永遠の課題である。会社なり組織あるいは各種活動団体では、人材がなによりの財産であるといわれる。コミュニケーション、人材育成、技術の伝承というキーワードがどの業界でも大きな課題で、様ざまな取り組みが行われている。最近、多発している航空・鉄道・電力などの公益性の高い企業のトラブルは、合理性、効率性、経済性を追求する経営理念から、技術の伝承や人材育成等の欠陥が大きな要因の一つといわれている。職務倫理教養、技術力の向上・伝承など、その課題は多い。

どの業界や活動団体でも共通の課題ではないだろか。幅広い視野と、その地域をよく理解することによって、仕事や活動成果をとおして、社会貢献することが求められる。

身近なこの地域を、地理・地形などの地勢、気候や動植物などの自然環境、これらの背景として育まれた風土や文化、歴史的な背景などについて、「境界」をキィワードに、なぜ地域の多様性が生まれたのか、その要因について、多面的・重層的にみていきたい。このようなまなざしで「北緯四〇度」を「地域学」（秋田学）という視点から、当地域から地域を学ぼうとするのが本書の趣旨である。

I　地域学へのいざない

地域学のとびら

その地域の成り立ちや独自性、個性など、いわゆるアイデンティティを探究する分野は多岐にわたっている。文化人類学、民族学、考古学、文献史学、民俗学、言語学、地理学、地政学、地域学など多岐の分野があげられよう。調査、研究活動も活発で、昭和三七（一九六二）年に日本地域学会が発足。昭和六二（一九八七）年には応用地域科学研究会（現在の応用地域学会）として、学際的な地域科学に関する研究促進のための組織も発足。平成三一（二〇一九）年度の秋田大学の入学募集に、教育文化学部・地域文化学科の定員七五名とある。志願者は前期、後期合わせて四〇七名、平均倍率は五・四であった。このように、地域学に関係する学術関連の調査研究活動や、それらを志す若者も多く、裾野は広い。裾のが広がれば山は高くなる。さらなる発展が期待できる。

調査研究の対象は、自然（地理、地形、気候、風土、環境など）、歴史（埋蔵文化財発掘どの考古学、文献史学の古文書の解読、郷土史、地方史など）、文化（信仰や宗教、伝承、文化財、民俗、方言など）、産業構造、生活様式など多岐にわたる。科学的、体系的な手法で考察する学術分野である。

地域のとらえ方も時代とともに変化している。故郷、郷土、地方、地域と、その概念は時代の進展にともなって幅（時間的な座標軸）も厚み（空間的な座標軸）も増してきている。

基軸となる時間をどこに設定するのか。列島の先住民族や縄文時代までさかのぼる、稲作農耕を携えた弥生の渡来人が列島に来たときか、古代天皇制の確立した時期など。時間軸の設定によって、おのずと対象とする地域的な広がりの対象が異なることとなる。

これまでの日本史のとらえ方には、二つの方法があるという。発展段階論にもとづく「進歩史観」と列島中央部に成立した政権に焦点をあてた「中央史観」。進歩史観は、狩猟採取・稲作・工業化・情報化など、社会・経済が過去からより良い方向に変化してきた、と見る発展段階に着目した歴史観。中央史観は、社会の中に地位に高低が生じ、政治的な統合が進んでいく政権に着目し、古墳・飛鳥・鎌倉・江戸など、一政権が地方支配を進めていく過程に着目した歴史観である。

学術的な調査研究活動のみならず、行政や民間で地域学に関する団体や集団、研究会、勉強会、地域誌発行など、全国各地で様ざまな活動が展開されている。県内でも「〇〇学」と呼ばれるものが多数ある。対象とする地域名を冠とした活動、「日本海学」や秋田県立博物館の「秋田学」、生涯学習センター主催の「秋田県民カレッジ」、歴史上の人物と文献をとおして地域史を探究する「菅江真澄研究会」など。

本書で取り扱う「地域学」の「学」は、知識、教養として学術的に探究する学術・学問分野の学ではない。その地域の自然環境や歴史的経緯、風土や文化などの育まれた背景、この根源に流れているものは何か、地域を追い求める姿勢の「まなび」である。地域から地域を学び知る視点である。昨今、「知のドーナッツ化現象」ということがいわれている。自分が住んでいる本当に必要な地域の姿や生活周辺の必要な知識が置き去りになり、遠いところの知識ばかり追い求める。情報化社会によって容易に入手できる時代だから。最終着地点は、地域からの学びをとおして、地域に愛着をもち自信と誇りもって見つめなおし、地域活動の源泉、貢献、活性化につながっていけばと思っている。

筆者は、歴史や地域学に関しては門外漢の素人である。河川工学を専門とする土木技術者である。工学という分野から地域に住む者として、地域を見つめるものである。そして、「東北学」の中に、その大きなヒントがあった。

そこで、この地域を俯瞰するため、世界的な動向、我が国での広域的な展開、県内での各種活動、そして、核心の北緯四〇度の地域とは何なのか、地域学という視点から見つめようとするものである。

方法としての地域学

「東北学」は、東北芸術工科大学の赤坂憲雄教授（現在、学習院大学教授）によって提唱された。東北文化研究センターの設立によって本格的・組織的に学術調査研究がはじまった。平成一一（一九九九）年のことである。設立宣言の冒頭には

「弥生史観の暗闇の中から、縄文の光が次第に大きく日本の魂を揺さぶりはじめている。

………この東北こそ、日本に残された最後の自然、母なる大地である。現代文明の過ちを克服し人間の尊厳を取り戻す戦いの砦である」

とし、あくまで東北に拠りながら、そうした新たな列島の民族史への道行きを辿ることを願って設立された。

赤坂憲雄教授は、基本的な理念として、著書『方法としての東北』の中で次ぎのように記述している。

「それぞれの地域が、みずからの地域遺産の掘り起こしのために働く必要がある。ナショナリズムを背景とした、国立公園や国宝などのような国家資産とも一線を画して、より小さな地域へと向かう。それぞれの地域の歴史・文化・風土の読み直しから、地域のアイデンティティの模索へと深まりゆくなかに、しだいに地域遺産がくっきりと姿をあらわしてくる。神のごとき絶対の他者が、外から認定するのではない。地域に生きる人びとが、みずからの幸福のためにもとめ、みずからの意志で選び取る。みずからの暮らす地域をたいせつに思う心こそが、やがて異質な他者、異質の文化や民俗や宗教をあるがままに認め、ともに生きる寛容な精神を育むのではないか。それが多神教の風土であるならば、わたしはそれが秘める力を信じたい。」

大変示唆に富んだ論述である。これらについては、後ほど紹介したい。

Ⅱ　秋田県の概況

秋田県の地勢

本節では、北緯四〇度の緯度が横断している秋田県の地勢や地理・地形などの特徴、構成している環境について概観する。

秋田県は、弧状列島本州最北部の青森県に次ぐ岩手県とともに位置する。南北方向の長さは約一六八キロメートル、東西方向の長さ約七〇キロメートル。日本海に突きでた男鹿半島を除くと、ほぼ長方形を呈している。その面積は、一一、六三七・五二平方キロメートル（全国三七七、九七三・八九平方キロメートル）で、全国第六位の大面積を有する。青森・秋田県にまたがる十和田湖の県境確定前は、一一、六一二・二二平方キロメートルであった。『秋田県民手帳』によれば、最端の東西南北の位置関係は次のようになっている。

方位	地名	経緯度
東端	鹿角市大湯北野端	東経一四〇度五九分四三秒
西端	男鹿市北浦赤島西方	東経一三九度四一分三二秒
南端	湯沢市秋の宮マタゴ沢源頭	北緯三八度五二分二三秒
北端	鹿角市小坂町七滝御鼻部北方	北緯四〇度三〇分四〇秒

東側は、駒ケ岳（標高一、六三七メートル）を主峰とする一、五〇〇メートル級の連山、奥羽脊梁山脈によって岩手県と接する。西側は単調な地形で日本海に接している。南東部は、神室山から栗駒山（標高一、六二六メートル）の雄勝地方は宮城・山形県と接している。南は秀峰鳥海山（標高二、二三六メートル）を挟んで山形県と接している。北は、ユネスコの世界遺産（自然遺産）に登録されている向白神岳（標高一、二四三メートル）を主峰とする白神山地によって青森県と接している。

内陸中央部部は、奥羽脊梁山脈から張りだしている焼山（標高一、三六六メートル）、森吉山（標高一、四五四メートル）、馬場日岳（一、〇三七メートル）、太平山（標高一、一七〇メートル）が連なるため、県北と県南を分断している。この張りだした山地の地形が、生業や生活環境に大きな違いをもたらしてきた。県北は山地が多いため、豊富な森林資源や鉱物資源を有し、林業や鉱業の産業が発達した。かつては米代川を動脈路として、日本海航路によって交易、交流、文化の伝搬をになってきた。県南は、横手盆地に代表されるように、農業生産力が高く、藩政時代は財政を支えていた。雄物川を仲介して、日本海から北陸、畿内の文化の伝搬をになってきた。沿岸部は、雄物川・米代川・子吉川の河口に立地する秋田市、能代市、由利本荘市などの都市が立地し、産業、経済、行政など中心となっている。県土の地勢は、南部と沿岸部が縦構造、北部が横構造となっているのが特徴。

このように、秋田県は東北六県のうち五県と接し、県境は標高一、五〇〇メートル級の山々に囲まれ、県中央の内陸部は横断する山で分断されている。西側は日本海と接して海岸線が連続し、その総延長は二六四キロメートル、緯度はおおむね北緯四〇度前後ということになる。

秋田県の形状は、八郎湖を目、男鹿半島を鼻にみたて、人の横顔に似ている、とたとえられる。県土の地勢は、東・南・北の三方が高山に囲まれ、西側が日本海に面している。掃除道具の「中央に仕切り板があるチリトリの形」で、その向はチリの取り込み口が日本海であるかのようである。

県境の確定

「秋田」の地名が登場したの東北地方で最もは古い。『日本書紀』斉明天皇四（六五八）年四月の条に、越国守・阿倍比羅夫が一八〇艘の水軍を率いて、蝦夷征伐のため日本海を北上した。齶田（秋田）・淳代（能代）津軽まで遠征した記録がある。比羅夫一行は鰐田浦に停泊した。齶田浦は、男鹿半島から雄物川河口にかけた地域と考えられている。このとき、比羅夫の前に恩荷があらわれ，蝦夷の代表で従順を誓ったという。また、天平五（七三三）年、『続日本紀』にはじめて秋田の文字が記述された。恩荷は、男鹿にゆかりのある名前と考えられている。

秋田県は、明治四（一八七一）年の廃藩置県によって成立した。その原形は藩政時代までさかのぼる。秋田領（秋田郡、山本郡、出羽郡、仙北郡、平鹿郡、雄勝郡）、由利郡の亀田領、本荘領、矢島領、仁賀保領と、南部領であった鹿角郡が編入されて秋田県は成立した。藩の領土確定（大境）まで、紆余曲折の経緯があった。

織田信長が家臣の明智光秀による本能寺の変によって、天下統一の野望が絶たれた。その意志を引き継ぎ、豊臣秀吉が天正一八（一五九〇）年、全国統一事業をなし遂げた。慶長五（一六〇〇）年、秀吉の死後、秀吉の家臣で文治派の石田三成と武断派を味方につけた徳川家康が天下分け目の関ケ原の戦いで家康が勝利した。戦後、家康は賞罰人事の知行地の没収、減封や改易など、大規模に断行した。三成と親交のあった佐竹義宣は、常陸国五四万石（全国で第七位の石高の大大名）から、出羽国に移封された。「出羽国之内、秋田・仙北両所進置候、全可有御知行候也」と石高や領地についてはは、あいまいなまま。領地は、津軽藩、南部藩、庄内藩と接している。

秋田・津軽藩の藩境のうち、日本海側の八森（八峰町）から比内（大館市）にかけては、『梅津政景日記』や『佐竹義宣文書』などの記載から、元和五（一六一九）年に画定したとされる。藩政期には、大間越（深浦町）に津軽藩の関所が設置された。北部の津軽領・南部領と接する地域は、鉱山や天然杉など地下資源や森林資源が豊かなため、大境の藩境確定は困難を極めた。南部藩とは、幕府の裁定により、実に六七年後の延宝五（一六七七）年に確定した。

令和元（二〇一九）年は、秋田・津軽藩の藩境確定から四〇〇周年にあたる。これを記念して、八峰町（秋田県）と深浦町（青森県）が七月一三～一四日、イベントを開催。観光上の県境を決めようと、綱の代わりに網を引く「あみ引き合戦」がおこなわれた。

国土地理院の測地測量によって東北地方の最高峰は、尾瀬沼の東側にそびえ立つ福島県の燧ケ岳（標高二、三四六メートル）である。その昔、鳥海山が一番高い山と考えられていた。独立峰の山容から「出羽富士」とも呼ばれ、山岳宗教・修験道の霊場でもあった。この鳥海山は矢島藩と庄内藩に接している。元禄一四（一七〇一）年、鳥海山山頂の大物忌神社の再建をめぐり社領争いがあった。庄内藩は矢島藩に密偵を送り、古文書に境界線に炭俵が埋めてあるという情報をつかむ。宝永元（一七〇四）年、庄内藩は幕府巡検目付け裁定の実地検分の前日、武士・足軽数一〇〇名が突貫で炭俵を埋め、境界線の俯瞰絵図まで作成した。このようにつくられた物証から鳥海山山頂は庄内領のものとなる。山岳部の県境や郡境は、河川や沢、分水嶺や稜線によって線引きされるのが一般的である。これに反して山頂付近の県境は明らかに不自然な直線で県境となってる。このため、山頂は現在も山形県である。

庄内藩が作成した『起こし立て絵図』
（目で見る『鶴岡の歴史』より）

日本海側の秋田・青森県境の沿岸に、岩礁群の久六島がある。この付近は好漁場であり、この島の帰属をめぐって両県は古くから激しく対立した歴史があった。国が仲介にのりだし、昭和二八（一九五三）年、青森県への帰属が決定した。

十和田湖は、青森・秋田県境にまたがる二重カルデラ湖。面積は約六〇平方キロメートルで我が国では一二位と広い。水深は三二六・八メートルと深く第三位。ちなみに、田沢湖は日本のバイカル湖とも呼ばれ、その面積は直径約六キロメートルの二五・九平方キロメートルで第一九位、水深は四二三・四メートルの第一位である。廃藩置県の際は十和田湖とその周辺地域の境界は未確定で長らく決まっていなかった。平成二一（二〇〇九）年、十和田湖の湖面上の境界を含めて確定した。湖面の境界は、青森県側の十和田市が六〇パーセント、秋田県側の小坂町四〇パーセントに配分された。

これをもって秋田県の最終的な面積が確定した。

地形概要

地形の特徴は、南北に縦走する奥羽脊梁山脈と出羽山地の二つの山塊により形成されている。これらの二つの山塊に囲まれた内陸部と日本海に接する海岸部が東西方向に分断されている。

奥羽脊梁山脈は、南から栗駒岳・真昼山・駒ケ岳・八幡平など標高一、〇〇〇メートルを超す山地が連なり、八甲田山へと続く。特に、第四紀に活動した火山フロントは、十和田湖や森吉山のように大型のカルデラ地形が形成されている。現在も秋田駒ケ岳、秋田焼山などは火山活動している。

森吉山山頂のカルデラ地形

出羽山地は、南から鳥海山、太平山、田代岳、白神山地、そして岩木山へと続いている。特徴として連続性に乏しく点在している。

奥羽脊梁山脈と出羽山地の二つの隆起帯のあいだには、北部の米代川沿いに三つの小盆地が形成されている。花輪盆地、大館盆地、鷹巣盆地で棚田状に配列している。これらの盆地は地形発達史上から「湖盆地」と呼ばれる。南部の中央には広大な横手盆地が雄物川沿いに広がっている。秋田県内の内陸帯盆地は、山形盆地、米沢盆地、会津盆地などとともに、山間盆地列の一部を形成している。

県内には三大河川が流れて日本海に注いでいる。米代川は県北部を東から西へ、雄物川は奥羽脊梁山脈の西側を県南部から中央部を南から北西へ、子吉川は鳥海山を迂回するように南から西に流れをとっている。

河川名	流域面積	幹川流路延長	支川数
雄物川	四、七一〇平方キロメートル	一三三キロメートル	一六六
米代川	四、一〇〇平方キロメートル	一三六キロメートル	八五
子吉川	一、一九〇平方キロメートル	六一キロメートル	四二

これらの三大河川が、降った雨が河川に流れ込む「流域面積」は、約一〇、〇〇〇平方キロメートルで、県全体面積の約八六パーセントと大部分を占めている。

日本海に面した海岸線は、男鹿半島を除くとほぼ直線的に単調であり、砂丘も発達している。特に、男鹿半島付近の海岸線は、島の背後に漂砂が入り込んで溜まった「トンボロ現象」の漂砂と雄物川と米代川から供給された土砂が堆積した砂州によって結びつけられた陸繋島であり、砂丘が発達している。砂丘の背後地には、かつて海であった名残をとどめる潟湖である干拓前の八郎潟が形成された。男鹿半島は海に独立した島であったことを物語っている。

雄物川、米代川、子吉川の奥羽脊梁山脈や出羽山地の西側では、中流部から河口にかけて能代平野、秋田平野、本荘平野がひらけ、肥沃な穀倉地帯や都市が形成されている。

気候概要

県内の気候に大きく影響を及ぼす要因は

①・日本海を北上する対馬海流（暖流）とマリン海流（寒流）

②・東北地方を南北に縦走する奥羽脊梁山脈と出羽山地

③・地理的に緯度が高い（おおむね北緯四〇度前後）

などが挙げられ、北日本日本海側型気候に属している。

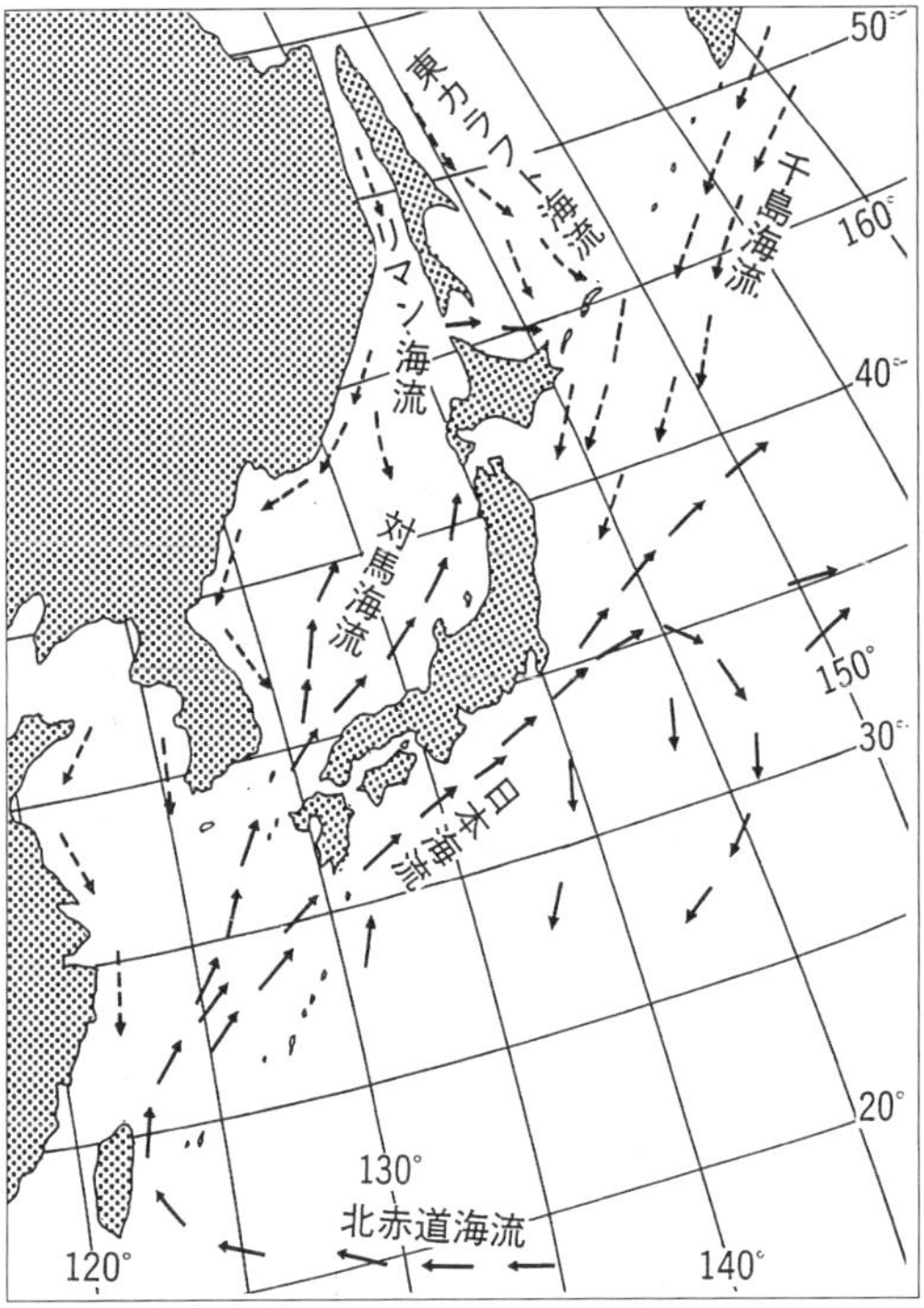

日本付近の海流模式（『森吉路』より）

赤道のすこし北方の北西貿易風にひきずられて、フィリピンや台湾の沖で北に折れる海流が日本海流（黒潮）となり、日本列島の東側の太平洋沿岸を北上する。東シナ海で日本海流から分かれた海流は日本海に入り込み、日本の沿岸沿いに北上する。これが対馬海流（暖流）。対馬海流は、津軽海峡や宗谷海峡から太平洋やオホーツク海へ枝分かれしながら樺太西沿岸まで至る。

日本海流の黒潮は、別名黒い潮（うしお）とか黒瀬川とも呼ばれる。海水の色から名づけられたようだ。対馬海流（暖流）は、黒潮の性質をほとんど失わず日本海に突流するため、高温で密度が低いために日本海の表面に広がる傾向を示す。これに、中国大陸、朝鮮半島、日本列島から供給とれる密度の高い淡水が混じりこむため、コバルト色となる。

冬季には、シベリア高気圧の寒気団が東北地方から関東地方まで南下する。日本海側の雪は、主に対馬海流がこの寒気に接触して蒸発して雲となり、北西の季節風によって運ばれる。水分を多く含んだ雲が出羽山地や奥羽脊梁山脈の障壁を上昇し、降雪をもたらす。

このように、冬季は対馬海流と奥羽脊梁山脈と出羽山地による降雪と、北緯四〇度前後という中緯度によって、春夏秋冬の季節の移り変わりが明瞭である。

なお、近年まで、東北地方の太平洋側を「表日本」という呼称に対して、日本海側を「裏日本」と呼んでいた。何に対して表であり裏であるのか？表に対して裏とは差別的、不適切用語ではないのか、という論議があった。このため、現在では従来の裏日本を「北日本日本海側」、あるいは奥羽脊梁山脈を境界として「東東北」「西東北」と呼ぶようになった。

地質概要

日本列島は中国大陸も含めたユーラシアプレートに属し、その下に北側の北米プレート、東側の太平洋プレートと南側のフィリピン海プレートが潜みこむ。四枚のプレート境界に位置している。ユーラシアプレートと太平洋プレートの相対的な運動速度は一〇・五センチメートル／年、ユーラシアプレートとフィリピン海プレートは四センチメートル／年であることが知られている。このため、歪みエネルギーの蓄積が大きく、火山噴火や地震の頻発地帯でもある。世界の陸地面積の〇・三パーセントにも満た

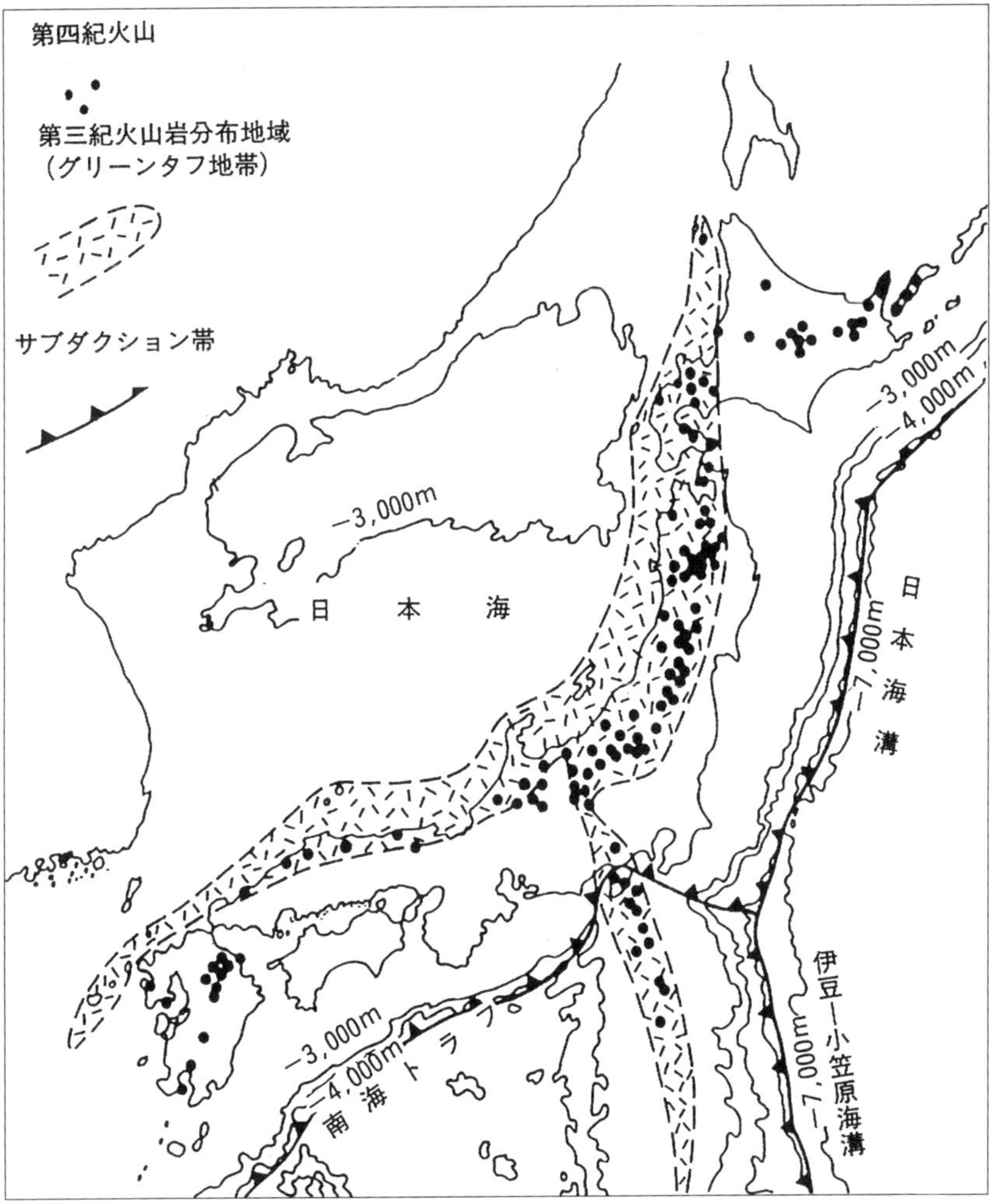

日本列島地体全体図（『森吉路』より）

ない国土であるが、世界で発生する地震のおよそ一〇パーセントが日本周辺で発生している。

東北地方の地質を概観すれば、盛岡~白河構造線を境にして東西では顕著な違いが認められる。東側の北上山地および阿武隈山地には古生代、中生代の先第三紀の古い地層が分布する。一方、奥羽脊梁山脈や出羽山地などの西側は、新第三紀の東北地方日本海側グリーンタフ地域に属し、奥羽脊梁には第四紀火山が分布し、地質時代からみれば比較的新しい時代である。秋田県の地質概要は新第三紀を主体としている。

奥羽脊梁山脈西縁の山地および青森・秋田県境沿いには古生層が点在している。古生層の一部は二畳紀の中~上部と考えられ、珪岩、輝緑凝灰岩、片岩、変質砂岩などで構成されている。

古期花崗岩類は、岩館北方、太平山を中心とする山塊、田沢湖北部、生保内東南方および秋田・山形県境の一部に分布し、中生代白亜紀のものと推定される。

新第三紀層は、古生層、古期花崗岩類を基岩とし、秋田県内の大半を構成している。岩質は海成堆積物の凝灰岩、安山岩、玄武岩質安山岩の溶岩を主体とする、いわゆるグリーンタフ地帯を構成している。北秋田、鹿角地方には第四紀に活動した十和田火山噴出物(火山灰)が広く分布している。

秋田平野、能代平野、横手盆地などを構成する洪積世、沖積世の堆積物は、明瞭な境界が知られておらず、第四紀堆積物として一括されている。

経緯度の交会

今から約一三七億年前、ビッグバンで宇宙が誕生した。銀河の片隅でチリや水素、ヘリウムガスの渦の中心で熱核融合によって太陽が輝きはじめた。太陽の寿命はおよそ百億年といわれ、約半分が経過している。地球が一つの惑星として誕生したのは、今からざっと四六億年前。地球が誕生し、地表面の地殻（一〇キロメートル～一〇〇キロメートル）が形成されるまでに、およそ一〇億年を要した。地殻を有する以前を「地球創世の時代」、その後は「地質時代」と呼ばれる。

地球誕生から現在までを、一年間のタイムスケールで換言すれば、およそ次のような関係にある。元旦に地球が誕生した。地球表面の地殻が形成されたのが春の彼岸の三月二〇日ころ（三六億年前）。やっと生物らしきバクテリア類や単細胞藻類が出現したのが三月二一日ころ（三五億年前）。微小化石として残るようになったのは六月七日ころ（二六～二五億年前）。肉眼で認めることのできる程度の化石が活発に生存しはじめたのが一一月二二日ころ（六億年前）。諸説あるが人類の出現は一二月三一日の午後八時三〇分ころ（約一八〇万年前）。遺跡として残っている文化遺産は新年の時報の三・五秒前ころ（五、〇〇〇年前）ということになる。地球の時間軸はとても長い。

地球は太陽のまわりを反時計まわりで公転している。その周期は一年（正確には三六五・二四二二日）。地球は、北極と南極を結ぶ自転軸（地軸）を中心に一日（正確には二三時間五六分〇四秒）かけて反時計まわりで一回転している。自転軸は太陽公転面に対して約二三・五度右側に傾いている。

地球の自転軸に垂直な大球と交わってできる大円が赤道である。春分、秋分の日は太陽は真上を通過する。経度は、イギリスの旧グリニッジ天文台の子午線（赤道に直行する南北線）を基線に東西それぞれ一八〇度であらわされる。緯度は、経度に直角方向に赤道を基線に南北方向にそれぞれ九〇度であらわされる。

世界地図で北緯四〇度ラインをたどってみると、ヨーロッパ、地中海、アジア、太平洋、北アメリカ、大西洋を通過している。スペインのマドリッド、イタリアのローマ、トルコのアンカラ、中国の敦煌、大同、北京、アメリカのサンフランシスコ、ニューヨーク、フィラデルフィアなどの主要都市が立地している。また、地中海、エーゲ海、カスピ海、フランスのラングドック、スイスのサンモリッツ、アメリカのアスペンなどの観光・リゾート地がある。日本では、秋田県の男鹿市、大潟村、三種町、五城目町、上小阿仁村、北秋田市をとおり岩手県では八幡平市、岩手町、葛巻町、岩泉町、普代村がある。また、国定公園の男鹿半島や安比高原、国立公園の十和田・八幡平、三陸復興公園などの観光・リゾート地が展開されている。一方、東経一四〇度ラインでは、ロシアの極東部の都市ハバロフスクやニューギニア島、オーストラリアのキングストンなどの都市がある。

自転軸の半径は六、三五六・七五二キロメートル。この地球の半径から割りだされる緯度が一度間の距離は約一一一キロメートルの長さとなる。

経緯度交会点標示塔

かつて、八郎潟は琵琶湖に次ぐ我が国で二番目の広い面積を持つ湖沼で、潟湖としては最大の面積を有していた。東西一二キロメートル、南北二七キロメートルで面積は二二〇平方キロメートル。最大水は四・五メートルと浅い淡水と海水が混じり合う生態系豊かな汽水湖であった。戦後、食料増産の国策にる干拓事業で、秋田県で六九番目の自治体として昭和三九（一九六四）年「大潟村」として産声をあげた。周囲が堤防でかこまれた海面下三メートルの標高の村である。

この八郎潟の湖水を汲みあげるオランダ方式で干拓されて誕生した大潟村のほぼ中央部には、経緯度交会点標示塔が設置されている。東経一四〇度、北緯四〇度が交わる点である。我が国で一〇度単位で交会点が陸地にあるのは、唯一ここだけである。

Ⅲ　地域遺産の認定

ユネスコ

ユネスコの活動の歴史は古い。第一次世界大戦後までさかのぼる。その前身は「国際知的協力委員会」で、大正一一（一九二二）年に発足して活動した。新渡戸稲造が事務長補佐官をつとめ、委員会には物理学者のアインシュタイン、放射線の研究で広く知られているキューリー婦人など、著名な一二名のメンバーが参加した。

ユネスコ（国際連合教育科学文化機関、本部はフランス・パリ市）は、世界各国の教育・科学・文化の協力と交流を通じて、国際平和と人類の福祉の促進を目的に発足し、国際連合の専門機関。第二次世界大戦後の昭和二〇（一九四五）年に、イギリス、フランス両国の呼びかけにより設立会議が開催された。翌年の昭和二一（一九四六）年、「ユネスコ憲章」が二〇ケ国の批准によってユネスコが誕生した。

ユネスコ憲章の前文では、

①・戦争は人の心の中で生まれるものであるから、心の中に平和のとりでを築かなければな

らない。

②．文化の広い普及と正義・自由・平和のための人類の教育は、人間の尊厳に欠くことのできないものであり、かつ、すべての国民が相互の援助及び相互の関心をもって、果たさなければならない神聖な義務がある。

③．世界諸人民の教育、科学及び文化上の関係を通じて、国際平和と人類の共通の福祉という目的を促進する。

と、人類の知的および精神的連帯を築かなければならないと、その理念が宣言されている。

三大遺産事業

国際的に文化遺産を保護しようとする動きは古くからあった。明治四〇（一九〇七）年、オランダのハーグ市で第二回万国平和会議で採択された「ハーグ条約（陸戦ノ法規慣例ニ関する條約）」がはじまりとされる。第一次、第二次世界大戦では、多くの文化財・文化遺産が毀損した。歴史的価値のある図書、芸術作品、歴史、文化および科学の記念物の保存・保護を確保することの必要性が国際的な共通認識となった。

昭和四七（一九七二）年、ユネスコ第一七回総会で「世界の文化遺産及び自然遺産の保護に関する条約」（世界遺産条約）が採択され、昭和五〇（一九七五）年発効。平成四（一九九二）年、一二五番目の締結国として国会承認、受諾の閣議決定を経て九月三〇日、我が国においても発効した。

世界遺産条約の目的は、

「自然遺産及び文化遺産を人類全体のための世界遺産とし、損傷、破壊等の脅威から保存するため、国際的な協力及び援助体制を確立する」とある。顕著な普遍的価値を有する記念物、建造物群、遺跡、文化的景観などの自然遺産や文化遺産を保護しようとするものである。

ユネスコには三大遺産事業がある。世界遺産、無形文化遺産、世界の記憶（世界記憶遺産）。世界遺産は、さらに三つに分類される。「自然遺産」、「文化遺産」、「複合遺産」である。自然遺産は、貴重な生態系、地形地質、絶滅危惧のある動植物、自然風景など。文化遺産は、遺跡や歴史的建造物などが対象。複合遺産は、自然遺産と文化遺産の両方の要素を持つものとされる。

自然遺産と文化遺産は、世界遺産条約によって明確に規定されている。複合遺産は、昭和五四（一九七九）年に最初にリストに記載されたが、当時は直接的な規定はなかった。平成一七（二〇〇五）年の改訂の作業指針で定義付けられた。自然遺産に文化的価値の側面が追認されて複合遺産になったもの、その逆の側面で登録されたものもある。

我が国では平成五（一九九三）年、はじめて自然遺産として「白神山地」と「屋久島」が、文化遺産として「法隆寺地域の仏教建造物」、「姫路城」が、世界遺産の一覧表に記載された。平成二九（二〇一七）年現在、文化遺産は八四五件、自然遺産は二〇九件、複合遺産は三八件と全体で一、〇〇〇件以上が記載されている。

無形文化遺産は、文化の担い手自身が先祖から受け継いだ大切なものとの認識の分野。世界各地の伝統芸能や工芸技術、例祭などが対象。平成一五（二〇〇三）年一〇月のユネスコ総会で採択。我が国は平成一六（二〇〇四）年一〇月に条約締結、平成一八（二〇〇六）年に条約が発効した。これによって、有形の文化遺産に加え、無形文化遺産についても国際的保護を推進する枠組みが確立した。グローバリ

ゼーションの進展や社会の変容によって、

「口承による伝統及び表現、芸能、社会的習慣、儀式及び例祭行事、自然及び万物に関する知識及び慣習、伝統芸能」

の衰退や消滅など脅威をもたられているのが対象とされている。

世界記憶遺産は、後世の人に残す必要のある古文書、絵画、映画、音声などの記録を保存する目的のもの。世界遺産の文化遺産と異なり、国際条約は存在しない。平成四（一九九二）年からユネスコの事業としてはじまった。真正性と国際的に価値があり、重要性のあるものが選定基準とされている。このため、国家間の認識の異なる物件の登録をめぐって大きな議論が展開されるケースが多い。我が国に関連するものとして、中国による「南京事件」や韓国の「従軍慰安婦」の事案はあったが、登録まで至っていない。このような事態から、登録に関する制度改正が議論されはじめている。

白神山地

秋田県西北部の日本海側は青森県と接している。この県境にまたがる「白神山地」は、平成五（一九九三）年一二月、鹿児島県の「屋久島」とともに、我が国ではじめてユネスコの自然遺産のリストに記載された。

今から約二〇〇万年、日本海が地殻運動によって相対的に隆起し、海から生まれるようにその姿をあらわした。山体は、日本列島の骨格を形成する九、〇〇〇万年前ころ（白亜紀）にできた花崗岩類を基盤に、二、〇〇〇～一、二〇〇万年前（新生代第三紀中新世）の日本海でできた堆積岩の泥岩、海底火山活動で噴出した溶岩の凝灰岩、砂岩、いわゆる日本海側グリーンタフで構成されている。地形は、深い谷が山奥まで切り込まれ、谷壁が急斜面で落差が大きい。このため、くろくまの滝、暗門の滝などに代表される多数の滝が存在する。約一〇、〇〇〇年前の氷河期が終わって、日本列島が温暖期に入った時期の八、〇〇〇年前ころに全山が豊かなブナ林が形成された。

白神山地は全体で約一、三〇〇平方キロメートルと広大。最高峰は向白神の標高一、二四三メートル。そのうち、原生ブナ林で占められる一六九・七平方キロメートルが自然遺産に記載された。青森県側が全体の三／四の一二六・二平方キロメートルを占め、秋田県側が四三・五平方キロメートル。

人為的な影響の入っていない天然ブナ林が、東アジア最大級の規模で繁茂し、世界的に最も良く原生状態が保たれている。ブナ・ミズナラ群落、サワグルミ群落など多様な四、〇〇〇種の動植物が生息している。鳥類では、クマゲラ、イヌワシ、クマタカ、シノリガモなど。動物では、カモシカ、ヤマネ、ツキノワグマ、ニホンザルなど。植物では、アオモリマンテラ、エゾハナシノブ、ツガルミセバヤなど。指定された区域は、ユネスコの「人と生物圏計画」の概念から、手つかずで保存する地域の「核心地域（コアゾーン）」と周辺地域の「緩衝地帯（バッファーゾーン）」に分類されている。国境や民族を超え、時代を超え、将来にわたって人類に共通した重要性をもった価値あるものと評価され、記載された。

ブナは「橅」と書くごとく、使い道のない木材であったことから、開発、伐採から免れた。昭和四五（一九七〇）年代から楽器の材料として注目を集め、保護運動の契機となった。昭和五三（一九七八）年に、青森県と秋田県を結ぶ青秋林道の建設をめぐって、生態系の保全、環境保護運動の高揚によって、その価値が認められて自然遺産の登録のはこびとなった。

白神山地と呼ばれるようになったのは近年である。菅江真澄は、寛政七（一七九五）年～同一一（九九）年、津軽藩で藩医の下で五年間にわたって薬草指南をつとめ、白神山地に足を踏みいれている。『菅江真澄遊覧記』のなかで、「白上」、「白髪が岳」とあるのが初見とされる。

白神山地の豊かな自然環境は、鳥類や動物、昆虫類などが棲息し、地表面の土砂流出の浸食抑制、特色ある景観の存在や体験観光など、多面的な機能を有している。バイオテクノロジーの分野での期待も大きい。寒冷な気候をのりこえて生きのびた独特の生態系に注目を集めている。耐冷性に優れ、発酵力が極めて高い「白神こだま酵母」の発見により話題となった。この酵母菌を使ったパンの製造販売が行われ、軌道にのっている。新たな乳酸菌も発見されている。さらに、美容成分の研究開発もおこなわれ、その成果が注目を集めている。

一方、平成二六（二〇一四）年、繁殖力の強いニホンジカの棲息が確認され、その行動範囲が拡大している。生態系への影響が懸念されている。

秋田県内の無形文化遺産

県内の重要無形民俗文化財は、一七件と我が国のなかで一番多い。気候風土に溶けこんだ多様な生活様態から生みだされ継承されてきた。衣食住、生業、信仰、年中行事などに関する風俗慣習、民俗芸能、民俗技術など、人びとが日常生活のなかで生みだし、継承してきた無形の民俗文化財のうち、特に重要なものとして国が指定する制度である。

ユネスコのリストに記載されている無形文化遺産は、県内で五件ある。民俗芸能（渡来芸、舞台芸部門の「大日堂舞楽」、山・鉾・屋台行事部門での「角館祭りのやま行事」、「土崎神明社祭りの曳山行事」、「花輪の屋台行事」、来訪神、仮面・仮装の神々部門での「男鹿のナマハゲ」。

大日堂舞楽は、平成二一（二〇〇九）年リストに記載された。鹿角市八幡平小豆沢の大日霎貴（おおひるめむち）神社（通称：大日堂）で、毎年正月二日に奉納される舞楽。その歴史は「ダンブリ長者」伝説によって知ることができる。舞楽は、大日堂が養老二（七一八）年に再建されたとき、都から来た楽人によって落慶の式例で奉納されたのが起源とされる。四集落（大里、谷内、小豆沢、長嶺）の氏子三五名が世襲で継承している。この四集落は、それぞれ異なる舞楽を九演目を伝承。舞楽の特徴は、仮面をつけ、採物を持つなど、笛や太鼓囃子で舞われる。土地の生活と深く結びついたもので、演じ手の所作などは中世の古風さをただよわせ、当地で変化した諸相をみせている。一、三〇〇年の歴史を持つ県内最古の舞楽である。

角館祭りの「やま行事」は、平成二八（二〇一六）年リストに記載された。仙北市角館地区の鎮守である神明社と成就院薬師堂の祭りで、毎年九月七日～九日に行われる。旧角館町は、佐竹北家の城下町として発展。武家の居住する内町と町人の住む外町に分けられ、内町の武家屋敷は、みちのくの小京都として観光名所となっている。元禄七（一六九四）年の鹿嶋祭が初見。現在は、神仏分離の影響を受け、七日は神明社の宵祭り、八日が神明社の本祭りと薬師堂の宵祭り、九日が薬師堂の本祭りが合わさった行事。一八町内から大型の人形を飾った曳山が繰りだされる。城下町の狭い道路ですれ違う際、通行優先権の交渉がおこなわれ、交渉決裂の際は曳山をぶつけあう「やまぶっつけ」がおこなわれる。参拝や上覧に向かう上り山、目的を終えて帰るのが下り山で、通称飾山囃子（おやまばやし）とも呼ばれる。

土崎神明社祭りの「曳山行事」は、平成二八（二〇一六）年リストに記載された。秋田市土崎港地区の土崎神明社の例祭で、毎年七月二〇日に宵宮、二一日に本宮の行事。土崎湊は、室町時代末期の『廻船式目』の中で北国七湊の一つとされていた。佐竹氏が慶長七（一六〇二）年、この地の土崎湊に入部し、その後久保田に平城を築き移転した。北前船などの西廻り航路の開拓で、交易港として繁栄した。

湊の鎮守府をつくろうと、藩の御用商人川口惣治郎が土崎神明社として元和六（一六二〇）年に建造した。宝永二（一七〇五）年、前年に北前船の乗員が寄港した際、御輿を寄進したことから、大祭典と御輿神幸として旧暦六月二〇日・二一日の祭りがはじまりとされる。二〇台前後曳き山は、町中を「港ばやし」とともに練り歩き奉納される。曳き山の正面には、男岩と女岩の夫婦岩が配置され、歴史上の人物の勇壮な武者人形が飾りつけられる。見返しには囃子方が乗り、その上には世相を風刺し、痛烈な切り口の言葉で書かれた板が立てられる。通称「土崎港曳山まつり」とも呼ばれている。

男鹿のナマハゲ

花輪ばやしの行事は、平成二八（二〇一六）年リストに記載された。鹿角市花輪地区の総鎮守幸稲荷神社の祭典で、毎年八月一九日～二〇日に行われる。幸稲荷神社は、南部藩主により文明二（一四七〇）年に再建され、それ以前の文献資料は焼失。正確な起源や歴史の詳細は不明である。祭りが現在のかたちになったのは、六日町に鎮座する神明社の御輿購入記録から、江戸時代の末期、文化文政（一八〇四～一八二九）のころと考えられている。幸稲荷神社と神明社との合同例祭で、御輿の巡行にあわせて各町内から一〇基の屋台が町内各地を練りあるく。屋台は、豪華絢爛な唐破風様式で、地元で腰抜けと呼ばれる前部の床のない底抜形式で巡行。屋台に積まれた太鼓を叩き手は歩きながらリズムをとって囃子を演ずる。

男鹿のナマハゲは、平成三〇（二〇一八）年リストに記載された。男鹿市の男鹿半島周辺地域でみられる伝統的な民俗行事。毎年一二月三一日の大晦日の夜、鬼の仮面をかぶった赤鬼・青鬼が、家いえを巡り、「泣ぐ子はいねが！怠け者はいねが！」と練り歩き、各家の訪問する。『菅江真澄遊覧記』の中に文化八（一八一一）年一月一五日、秋田の小正月行事で「ナモミハギ」が記され、文献的に初見とされているかことら、行事の歴史は古い。ナマハゲは漢からの渡来人など諸説あるが、真山・本山に鎮座する神々の使者で、悪事訓戒を与え、厄払い、豊作・豊魚、吉事をもたらす仮面仮装の来訪神である、との説が有力。平成二九（二〇一七）年の大晦日には、男鹿市の五七パーセントの八五町内、翌年（二〇一八）年には六二パーセントの九二町内でその行事が行われ、ユネスコ登録が追い風となって、行事復活のきざしがみられる。

今後の世界遺産候補

ユネスコの世界遺産条約による世界遺産（自然遺産、文化遺産、複合遺産）、無形文化遺産、世界の記憶遺産がリストに記載されたものは、はるかに一、〇〇〇件を超えている。各国からの審査案件が多数申請されている。このため、令和二（二〇二〇）年の第四四回世界遺産委員会から、「一国一件」の推薦枠で審査総数三五件とすることが決定された。

この決定を受けて、我が国では、平成三一（二〇一九）年に文化遺産として「百舌鳥・古市古墳群」（大阪府）を、令和二（二〇二〇）年には自然遺産として「奄美大島、徳之島、沖縄北部および西表島」（鹿児島県・沖縄県）を、令和三（二〇二一）年に文化遺産として「北海道・北東北の縄文遺跡群」（北海道・青森県・岩手県・秋田県）を申請することで予定されている。

令和元（二〇一九）年五月一三日、ユネスコの諮問機関は、日本最大の前方後円墳「仁徳天皇陵古墳（大山古墳）」を含む「百舌鳥・古市古墳群」を登録するよう勧告した。六月三〇～七月一〇日にアゼル

世界無形文化遺産「来訪神・仮面・仮装の神々」

行　　事	所　　在	行　事　概　要
男鹿のナマハゲ	秋田県男鹿市	大晦日に鬼の仮面をかぶり藁蓑を付けた若者が「泣く子はいねが！」などと叫びながら家々を訪れ、怠け者をいさめる
吉浜のスネカ	岩手県大船渡市	１月１５日小正月の夜、神の扮した人が米俵を背負って家を訪れ豊作をもたらすよう祈願する
米川の水かぶり	宮城県登米市	２月、わら装束の男性が火よけを願って家の水をかけながら練り歩く
遊佐の小正月行事	山形県遊佐町	１月、鬼の面をかぶったサマハゲに扮した若者が家々に餅を配り地域の豊作を祈願する
能登のアマメハギ	石川県輪島市、能登町	１月や節分の日に、仮面姿の大人や子どもが「アマメー」と叫びながら怠け者をいさめる
見島のカセドリ	佐賀県佐賀市	２月、わらみのなどで神の使いに扮した若者二人が青竹を打ち鳴らして悪霊を払う
甑島のトシドン	鹿児島県薩摩川内町	大晦日に奇っ怪な面を付けた男性が家々を巡りよい子になるように諭しながら餅を与える
薩摩硫黄島のメンドン	鹿児島三島村	９月、踊りの奉納中に仮面姿の若者が現れ、木の枝で観客をたたいて摩を払う
悪石島のボゼ	鹿児島十島村	８月、体を葉で覆った若者が、村人に木の棒で泥を擦りつけて邪気を払う
宮古島のパーントゥ	沖縄県宮古島市	秋や冬に行われ、体に泥を塗った男性や草をまとった女性が村を練り歩き、出会った人に泥を塗ったりして災厄を払う

世界文化遺産「北海道・北東北の縄文遺跡群」の候補

所　在　地	遺　　跡　　名
北　海　道	キウス周堤墓群、入江貝塚、高砂貝塚、北黄金貝塚、大船遺跡、垣ノ島遺跡
青　森　県	太平山元遺跡、田小屋野貝塚、亀ケ岡石器時代遺跡、山内丸山遺跡、小牧野遺跡、大森勝山遺跡、二ツ森貝塚、是川石器時代遺跡、
秋　田　県	大湯環状列石、伊勢堂岱遺跡
岩　手　県	御所野遺跡

バイジャンで開催されるユネスコ世界遺産委員会で正式に決定される。

縄文時代は、約一〇、〇〇〇年間にわたって続いた先史時代である。自然と共生しながら狩猟・採取生活の移動生活から定住する生活様式となった。縄文時代を代表する大規模集落跡の「山内丸山遺跡」(青森市)をはじめとして、北海道・青森県・岩手県・秋田県の四県道の一七遺跡で構成されている。先史時代の生活・文化を知る物証として、世界的に普遍的な価値ある遺跡群。遺跡群の価値は、時期区分が網羅される連続性がある。定住開始時期から集落が形成され、その拠点の共同墓地や祭祀・儀礼の場の出現など、当時の生活様式が切れ目なく存在する、とされている。この地域は、広域の文化圏を形成していたと考えられている。遺跡群の中で、秋田県内の物件は「大湯環状列石」(鹿角市)と「伊勢堂岱遺跡」(北秋田市)の二つ遺跡が構成されている。

三内丸山遺跡(青森県)

大湯環状列石

大湯環状列石は、縄文時代後期前半(紀元前二、〇〇〇年~同一、五〇〇年ころ)の祭祀遺跡で国指定の特別史跡。国内で最大の配石遺構である外周直径四六メートルの万座遺跡、四〇メートルの野中堂遺跡とからなる。環状列石は、小単位の組石が集合したグループを構成し、全体として環状をなし、同心円上に内帯と外帯で囲まれている。小単位の組石の下には土豪があり、その下には長方形や楕円形の土豪があり、方位は東西方向を示すものが多い。環状列石の中心と日時計組石は、夏至の日没方向に一直線に並び、縄文人が太陽の動きを意識し、高度な文化を有していたことが想像される。

伊勢堂岱遺跡も同時代の遺跡で、国内では唯一の四つの環状列石がある。最大直径四五メートルと大規模な環状列石遺跡である。平成七（一九九五）年、大館能代空港のアクセス道路建設に先立つ発掘調査で発見され、国指定の特別史跡でもある。遺跡からは、列石の外側の日時計組石は大湯環状列石と同様で、天体運動を意識して配置され、掘建柱建物跡、土豪墓、祭祀跡なども発見され、列石部分は厚い盛り土など、大規模な土木工事の痕跡が認められる。大湯環状列石の石材は硬い石英閃緑片岩であるのに対して、伊勢堂岱遺跡は、近くの米代川や小猿部川の河川から採取した石が使われているのか特徴である。

日本遺産

世界遺産や文化財は、価値付けをおこない、新たな規制を図って保全・保護を担保しようとすることを目的としている。日本遺産は、地域の歴史的魅力や特色を通じて我が国の文化、・伝統を語るストーリー性を重視。文化庁が認定する制度である。日本遺産に認定されると、当該地域の認知度が高まるとともに、今後、日本遺産を通じた様ざまな取り組みや、地域住民のアイデンティティの再認識や地域のブランド化等にも貢献し、ひいては地方創生に大いに資するものになると期待される事業。

認定されるストーリーは次の三点を踏まえた内容が必須。

①・歴史的経緯や地域の風土に根ざした世代を超えて受け継がれている伝承、風習等を踏まえている。
②・中核には、地域の魅力として発信する明確なテーマの設定の上、構造物や遺跡、名勝地、祭りなど地域で受け継がれている伝承・保存され、有形・無形の国指定・選定文化財が必須で一つは含まれている。
③・単に地域の歴史文化財にまつわる解説するだけでのものでない。

とされている。認証するストーリー性は、単一の市町村内で完結する「地域型」と複数の市町村にまたがって展開される「シリアル型（ネットワーク型）」がある。

文化庁では、日本遺産を観光振興や地域活性化につなげるため、東京オリンピック・パラリンピックが開催される令和二（二〇二〇）年までに、全都道府県に少なくても一件、一〇〇件程度認定することを目指し、平成二七（二〇一五）年四月から認定事業がはじまった。外国人にも分かりやすいストーリー性があることが重視されてれる。

秋田県関係では、第二弾の平成二八（二〇一六）年に二件申請した。秋田県が申請した「真澄が記した江戸時代の秋田」は、真澄が記録した風俗や景色が、現在、県内を旅行する人の貴重な情報源になることを紹介した案件。大仙市・仙北市・美郷町が「豊穣を願う雪国のまつりと祈り」は、仙北平野の穀倉地帯が雄物川、玉川や奥羽脊梁山脈の伏流水など水資源に恵まれ、美田、美酒、美人などを作りだしている等として申請した。この二件は認定されなかった。第三弾として、翌年、県申請の「ハタハタ」と秋田市他四市一町の「古代城柵」、北前船寄港地日本遺産登録推進協議会が「荒海を越えた男たちの夢が紡いだ異空間～北前船寄港地・船主集落～」を申請し、北前船が認定された。

北前船寄港地

平成二八（二〇一六）年六月、日本海側の北前船寄港地の関係自治体七県道一一市町が登録協議会を立ち上げて申請に向けて活動した。北前船は、江戸～明治時代に日本海を航行し、北海道から大阪まで交易を行い、途中、各地に寄港。北海道から福井県まで、各寄港地で積み荷を売買した北前船にまつわる遺産、寄港地に残る町並み、似たような民謡、かつての賑わいや繁栄をしのばせる内容などで申請。日本海をダイナミックにつないだテーマ設定で、面白い展開が期待できる、と評価され平成二九（二〇一七）年四月に認定された。

秋田県関係では、北前船の乗員が寄港地の土崎神明社に御輿を寄進したのがはじまりとされる「土崎港曳山まつり」や北前船でにぎわう港の様子を描いた「秋田街道絵巻」、高清水五輪塔など八件の文化財が盛り込まれている。

平成三〇（二〇一八）年五月、さらに能代市、男鹿市、由利本庄市、にかほ市の四市が追加認定を受けた。追加認定は全体では一四府県、二七市町。これで、構成自治体数は三八市町（一五道府県）。今回の特徴は、大阪市、神戸市、倉敷市、尾道市など、瀬戸内海に面した地域にまで拡大したことで、北海道から西廻りで日本海を通り瀬戸内海を結ぶルートの主要寄港地が認定された。

追加認定を受けた秋田県関係の文化財は、船乗りが出航前に空模様を見た能代市の日和山方角石、恵比須神社の絵馬、男鹿市真山神社五社殿に航海の安全祈願した落書き、由利本荘市の寄港地として繁栄した川沿いの街を描いた「石脇絵図」、にかほ市の船体を縄でつないだとされる石杭などが含まれている。

追加認定を受けたことにより広域連携、観光振興のへ期待は大きい。平成三〇（二〇一八）年七月、北前船ゆかりの地が交流する「第二四回北前船寄港地フォーラム」が福井県坂井市で開催された。このフォーラムは、認知度の向上や観光振興策などの視点から平成一九（二〇〇七）年から各寄港地で開催されている。関係自治体のほか、鉄道や航空、旅行関係者なども多数参加している。

地域での活動も活発に展開されている。能代市では、旧料亭「金勇」で追加認定されたことを祝う記念展示会が開催され、関係文化財などが紹介されている。能代市芸術文化協会主催で、市民参加の実行委員会で能代ミュージカルが上演。文政三（一八二〇）年の能代湊を舞台に北前船の船頭や水夫らと出会い、別れを通して関係を深める姿を上演。島根県出雲節が起源とされる「能代舟歌」などを取り入れて躍動感を歌と踊りで表現する。また、北前船ゆかりの地を巡るモニターツアーが能代観光協会主催で開催された。募集条件は、市外在住の二〇歳以上で、ツイッターやフェイスブックで発信することが条件。参加者には興味深い場所の発見、誘客の課題の指摘などを探り、意見交換も行われた。市外の人が見る目は、普段気がつかないものも見えてくる。地域を見直し、再認識するうえでの大きなヒントがここに隠されている。

今後の日本遺産認定の候補

平成三〇（二〇一八）年の秋田県内の日本遺産認定の動きは、北秋田市、秋田市・大仙市、にかほ市が申請。北秋田市の「阿仁マタギ～山に生かされる共生の暮らし～」は、阿仁地方の山神信仰や狩猟・採取や根子番楽などの民俗芸能などで構成。秋田市・大仙市ほかの「北の国境をゆく～北東北の城柵と蝦夷がおりなす国家の最前線～」は、今から一、二〇〇年前の日本では中央政権と蝦夷政権の国境があったというストーリーで、秋田城跡（秋田市）と払田柵（大仙市）などの構成文化財を盛り込んでいる。

にかほ市の「芭蕉が残した自然・風景観～時代を超えて詠われる地～」は大垣市などとともに芭蕉が詠んだ風景をたどり、日本人が自然や風景をどう捕らえてきたのかを盛り込んでいる。この三件は認定されなかった。

平成三一（二〇一九）年は、「マタギ」と「おくの細道」の二件が内容とタイトルを改めて再挑戦する。北秋田市が単独で「阿仁マタギ～山の恵みは山神様からの授かりもの～」とし、山神信仰と狩猟・採取の暮らしが残る地域の生活文化を盛り込んでいる。「おくの細道～日本人の美意識を磨く旅～」とし、岐阜県大垣市を代表とする一四県三二市区町が申請。芭蕉が見た名所・旧跡をたどり、SNSなどを活用して景観美を多様な形態で表現し、芭蕉になりきって旅を追体験する。にかほ市の象潟（国天然記念物）などの文化財で構成されている。風景を表現する俳句文化や日本語の文化を伝える遺産とし申請した。令和元（二〇一九）年五月二〇月、文化庁は第五弾として新たに一六件を認定したが、本県の二件は残念ながら見送られた。

ジオパーク

大地（景観・地形・地層・岩石・化石など：ジオ）の上に広がる自然（生態系としての動物・植物・鳥類などの生物：エコロジー）の中で人びとは生活（歴史・風土・文化・産業など：ヒト）を営んでいる。この三つの要素であるジオ・エコ・ヒトは相互に関連しあい、その地域を特徴づける最も基本的な要素である。地球の大地にもっと目を向ける重要性が国際的に認識されるようになった。ジオパークは、地球科学的な価値を持つ大地のジオと視点場となる公園のパークを組み合わせた造語と認識されている。

ユネスコでは、平成二〇（二〇〇八）年に世界ジオパークの選定条件として、定める基準に基づいて

認定された高品質のジオパーク。選定時要件は、

①．地史や地質現象がよく分かる地質遺産を多数含む
②．考古学的、生態学的、文化的な価値あるサイトを含む
③．組織運営と財政計画を持つ
④．ジオツーリズムなどを通して地域の持続可能な社会・経済発展を図る
⑤．地球科学や環境問題など関する教育・普及活動を行う
⑥．地域遺産を確実に保護する

などが規定されている。平成二七（二〇一五）年一一月の第三八回ユネスコ総会で正式事業として採択された。

平成一九（二〇〇七）年に「日本ジオパーク協議会が設立」、平成二一（二〇〇九）年五月に「日本ジオパークネットワーク（JNG）」が関係省庁の参加によって発展的に設立された。

我が国の世界ジオパークとして平成二一（二〇〇九）年八月、洞爺湖有珠山、糸魚川、島原半島の三つのジオパークが選定された。糸魚川ジオパークは、日本列島誕生に関わる地質構造や糸魚川静岡構造線とフォッサマグナ（中央地溝帯）など、貴重な地質遺産が評価された。

「日本ジオパークネットワーク」によって、秋田県内も平成二三（二〇一一）年九月に男鹿半島・大潟、平成二四（二〇一二）年九月に八峰白神、ゆざわ、平成二八（二〇一六）年に鳥海山・飛島の四件が認定された。

Ⅳ　地域学から地域を探る動き

東北学

我が国の中で、東北地方はどのような位置づけがなされているのだろうか。地政学や産業構造、あるいは歴史、文化、風土など、様ざまな分野から論じられている。

赤坂憲雄教授（東北芸術工科大学・東北文化研究センター長）は民俗学が専門分野である。東北地方を民俗学の立場から調査・研究している第一人者。著書『方法としての東北』の中で、東北学について論述されている。それによれば、

①・「みちのく」（道の奥）から陸奥（むつ）・奥州・奥羽まで「奥」を冠とされた東北は、辺境のイメージを宿命のごとく負わされてきた。東北はいったい辺境なのか。芭蕉の『おくのほそ道』の如く、まず、みちのくという衣裳を大胆に脱ぎ捨てなければならない。

②・東北はみちのくでも辺境ではなく、あるがままの姿を認めなければならない。東北には中心がない。「北」（縄文・狩猟採取・エミシとアイヌ・ブナ林帯）に開かれた東北と「南」

（弥生・稲作農耕・ヤマトと日本人・照葉樹林帯）に繋がる東北が重層的に見いだされる。

③、北の開かれた東北／南に繋がる東北が重なりあい、まだら模様をなして見いだされた。

列島の文化地図もまた、「北」のアジア／「西」のアジア／「南」のアジアへと多方面に繋がり、開かれてゆくイメージをもって描かれるべきではないか。

と、東北学は東アジア世界に向けて足を踏みだそうとしている。

柳田国男以来の民俗学での日本文化像は、稲作農耕を携えて列島に渡来した弥生人を出発点とする稲作中心史観であった。哲学者で国際日本文化センター名誉教授であった梅原猛は、『日本の深層』のなかで稲作中心史観に対して一石を投じている。縄文時代の後期・晩期には、東北こそが列島の最も文化的な先進地域であるとし、縄文の東北を起点として日本文化をトータルに把握する方法である。考古学的には、縄文時代は高度な文化水準であることは、埋蔵文化財の発掘調査からの遺跡、遺物、遺構などで明らかになっている。日本文化の出発点の考え方について、従来の民俗学の認識論的なパラダイムの転換であった。

赤坂憲雄は、

地域学を「お国自慢」の道具としてもてあそぶことは、やはり避けねばならない。この時代の地域学は、みずからの内なる多様性を自覚することからはじまる。そこにみいだされた多様性に仲立ちされて、それぞれの地域の異質なる他者のもとへとおもむくことになる。

と、その基本認識を論述している。

菅江真澄研究会

現在の菅江真澄研究会の会長は小笹鉄文氏が就任している。研究会は昭和五六（一九八一）年九月発足。会員数はおよそ二〇〇名、全国各地のほか海外にも会員がおり、幅広く多くの人びとが交流し、活発に活動が展開されている。業績理解と普及を目的とし、会誌、通信を発行し、学習会・講演会・足跡探訪会などを開催。毎年、命日の七月一九日には墓前祭が行われる。

研究会では、資料の発掘や調査研究の成果として『菅江真澄研究』が昭和五六（一九八一）年に創刊され、平成三〇（二〇一八）年一二月には九一号を発行。また、秋田県立博物館には、平成八（一九九六）年四月に「菅江真澄資料センター」が開設された。菅江真澄研究の拠点として、資料や記録を収集し、複製資料や足跡を紹介する常設展示室、文献の検索閲覧室、文献やＤＶＤソフトを備えた学習室などで構成されている。調査研究の成果として、『真澄研究』が平成九（一九九七）年九月に創刊され、平成三〇（二〇一八）年三月で二二号発刊されてた。また、「真澄に学ぶ教室」が同年、九回開催され、多くの県民が参加し理解を深めた。

菅江真澄は、江戸時代後期、故郷の三河国からみちのくを目指して旅立った。越後、庄内、秋田を経て、津軽、南部、仙台、蝦夷地、下北半島などを巡り歩いた。四八歳の時、津軽藩を経て再度秋田領へ入り、以後、亡くなるまで領内を離れることなく、県内のほとんどの市町村に足を踏み入れている。

旅先の各地で聞き書きし、数多くの記録を残している。著述は全体で約二二〇冊にのぼり、その内容を分類すると日記約五〇点、地誌約六〇冊、随筆約五〇冊、雑葉集約六〇冊などがあるとされている。これらを総称して『菅江真澄遊覧記』と呼ばれる。その内容は、民俗、歴史、地理、文学、考古、宗教、科学など多岐にわたる。スケッチ画は、当時の地域の人びとの営む生活様式に深い造詣をもって興味を示し、その様子を写実し、色彩がほどこされたものもあり、学術的価値が高いと評価されている。また、秋田藩内の地誌を記した『雪の出羽路』、『月の出羽路』、『花の出羽路』の三部作がとりわけ学術的価値が高い。さらに、遺跡や遺物も訪ね歩き、考古学や歴史上でも検証となる価値の高い史料とされている。

菅江真澄は、宝暦四（一七五四）年三河国の生まれで、父秀真、母千枝。姓は白井、名は英二。改名して秀超、秀雄と名乗り、文化七（一八一〇）年の「氷魚の村君」の書から菅江真澄を名乗りはじめた。父は白井白太夫の家筋で、祈祷施薬を職能としていた。真澄は、天明三（一七八三）年、故郷の三河国を旅立った。東北みちのくを目指した理由は定かではないが、これまで記録されることの少なかった、とりわけ北辺の地域の現実を自ら観察し探究する。現地文化のなかに、祈祷施薬が家業であることの己の家筋の担う意義を考えてみようと、生涯旅人としての決意で出立した。天明三（一七八三）年、三〇歳の時であった。秋田藩に腰を落ち着けたのが享和元（一八〇一）年の冬。没したのは仙北郡の地誌編纂中の文政一一（一八二九）年、神代村梅沢で病に伏して没した。

最近の特徴的な動きとして、一つ紹介したい。菅江真澄の図絵をジオパークと結びつけ、自然環境や景観変化に活用するジオツアーが行われている。菅江真澄研究会副会長の永井登志樹氏の論文『ジオパークと菅江真澄』の中で、その活用意義を、

「およそ二百年前の地形と、そこで営まれている人びととの暮らしとが視覚的に同時に把握できる菅江真澄の記録（図絵）は、男鹿半島や八峰町などのジオパーク認定地域における貴重な財産である。そして、自然科学、人文科学の垣根を超えた多様で多面的なジオパークの視点から真澄に記録した世界を捉え直すと、大地の営みと人間が一体となって織りなす豊か

な世界が私たちの目の前に広がっていることに、あらためて気づかされるだろう。」と、記述されている。大変貴重な視点からの論述である。

秋田人物伝

秋田県立博物館は、昭和五〇（一九七五）年五月五日、現在の秋田市金足に開館した。考古・歴史・民俗・工芸・生物・鉱物の六部門と「菅江真澄資料センター」、「秋田の先覚記念室」の二つのコーナーがある総合博物館。

秋田の先覚記念室は、平成八（一九九六）年四月にオープンした。この記念室の設立や人物選定にあたっては、元秋田大学学長で博物館名誉館長である新野直吉氏が尽力した。

秋田県で生まれ、近代・現代に各分野で活躍し、顕著な業績を残した人物一五二名のうち、日本や世界に飛躍した五八名を顕彰するため常設展示されている。四つの分野のコーナーがある。学術、教育・スポーツ・芸能文化、産業経済、地域発展の部門。学術では、ゲーテ研究の権威である木村謹治（五城目町）、土木工学の権威である物部長穂（大仙市）、芸能文化では、近代舞踊の第一人者の石井漠（三種町）、産業経済では、TDKの設立者の斎藤憲三（にかほ市）、地域発展では、十和田湖開発の父である和井内貞行（鹿角市）などの先覚が紹介されている。このように、先覚者の業績や人物を通して、地域を見直そうと、特別に展示室が設けられた。

秋田テレビ（AKT）では、一時間の特別番組を年間六回編成している。秋田銀行スペシャル―ふるさと秋田再発見シリーズ―「秋田人物伝」である。この特別番組は、ふるさとの歴史、文化、自然、産業など、秋田に住みながら秋田の良さを知らずに過ごしていることが意外に多い。秋田人物伝は、現在の秋田に住む人びとに、秋田が生んだ偉人たちの生涯や功績を紹介しながら「知られざる秋田」を伝えることで「ふるさと」を見つめなおし、理解を深め、秋田に元気を呼び起こそういう思いから生まれ番組。第一回放映は、平成二一（二〇〇九）年五月に「成田為三&佐藤卓史」が放映された。秋田が生んだ偉人とその偉人と同じ道で平成時代に活躍している人物を紹介している。明治二六（一八九三）年、北秋田市米内沢で生まれ、「浜辺の歌」、「かなりや」など日本人の心に残る数多くの名曲を残した作曲家の成田為三と、シューベルト国際ピアニストコンクールで優勝など国際的に高い評価を受け、世界にはばたく昭和生まれの若きピアニストの佐藤卓史を紹介した内容。

シリーズ第六弾で、平成二六（二〇一四）年度の最初の放送が五月二四日、「土木工学の権威・物部長穂」が取りあげられた。物部長穂（明治二一（一八八八）年〜昭和一六（一九四一）年）は、秋田県大仙市協和町境（旧荒川村）の累代由緒ある唐松神社宮司・物部長元（第六〇代当主）の次男として生まれる。朝日尋常小学校、秋田中学校、仙台第二高等学校、東京帝国大学工科大学土木工学科で学び首席で卒業した。そして、内務省土木局に勤務。土木試験所長を歴任し、母校の大学で教授も兼任した。研究者・教育者として数多くの業績を残し、黎明期の土木工学の発展と子弟の教育に一生を捧げた。物部設計理論として、現在も色あせることなく輝いている。一〇〇メートルをこえる高いダムや高層ビル設計での地震力を考えた耐震設計など、その設計理論は現在も脈々と受け継がれている。郷土出身の先覚者の足跡をたどり、酒は飲まず、甘いものを好んだなど、その生涯から現在の私たちが学ぶべきことが多い、という主旨の番組であった。

筆者の拙著『土木工学界の巨星・物部長穂』（無明舎出版）をベースに構成され、筆者と物部長穂の甥にあたる第六三代当主・物部長仁氏が出演して、紹介・解説した。

平成三〇（二〇一八）年度一月までの間、五九番組が編成・放映されている。秋田県出身の先覚者の生きた時代的な背景、風土や慣習から育まれた人格形成、偉大な功績が生みだされた経緯など、人物を通して地域を見直すことで自信と誇りを持って暮らしていこう、という趣旨の番組編成である。

秋田県内の地域史研究の動向

県内の歴史、文化、民俗など各地の地域史に関する調査・研究する文化団体の活動の歴史は古い。昭和三〇（一九五五）年、資料収集、埋蔵文化財の分布や調査、遺跡・遺物・遺構などの評価を目的に秋田大学が中心となって「秋田考古学協議会」が設立された。県内の明治・大正時代の近代化の過程と歴史的評価・解明しようと、昭和三三（一九五八）年には「秋田近代史研究会」が設立された。「秋田県民俗学会」、「菅江真澄研究会」など、学術的な調査研究の組織が相次いで設立される。また、地域の歴史や文化などを掘り起こす郷土史、地方史の調査解明する住民団体も各地域で設立された。

平成七（一九九五）年、「秋田県歴史研究者・研究団体協議会」が発展的に組織化されて発足。学術、行政、地元関係者など、歴史研究者・研究団体などで構成される地方史に関する協議会である。加入団体は二三をかぞえ、各地の地方史研究の組織が一四団体を占めている。「NPO浦城の歴史を伝える会」（八郎潟町）、「鷹巣地方史研究会」（北秋田市）、「北羽歴史研究会」（大館市）など。県内全体を網羅する地方史研究の組織として活動している。「鷹巣地方史研究会」は、令和元（二〇一九）年五月二五日、創立六〇周年を迎えて記念式典が開催された。現在の会員数は一一九名で、年一回「鷹巣地方史研究」の会報を発刊している。また、同研究会では、「北海道・北東北の縄文遺跡群」の世界文化遺産の登録にむけて、ジュニアボランティアガイドの育成に取り組み、後継者を育てている。

このように、アカデミックで組織化された学術団体のほか、各地で地に着いた活動団体も多数存在し、地道な活動をしている。その一例を紹介したい。

「のしろ桧山歴史ガイドの会」は、平成三〇（二〇一八）年に結成二〇周年を迎えた。能代市檜山地区の名所旧跡を案内することを目的に、郷土の歴史や地域の文化財を守るための大切さを伝えようと結成された組織。檜山地区の六〇～七〇代を中心に約四〇名がボランティアとして参加している。戦国大名・檜山安東氏の居城だった檜山城跡や、江戸時代の檜山城代・多賀谷氏の菩提寺である多宝院などを案内する。年間八〇〇～一、〇〇〇人、結成以来、二五、〇〇〇人を案内した。結成二〇周年の節目を祝うイベントが開催され、訪れた二五、〇〇〇人目の家族に桜の苗木、檜山納豆、北限の特産檜山茶を使ったようかんがプレゼントされた。ガイドの会では、育児のリフレッシュを兼ねて地域を訪れてもらおうと、平成二九（二〇一七）年から子育て中の女性を案内する取り組みがはじめられた。また、後継者育成として、三年に一回、講座を開き、ガイド養成も行っている。活動の幅の広がりが期待される。若い世代の城郭の石垣がしっかりしていれば、その上の本丸も頑丈な建物となり、多様な戦術が展開できる。

国や自治体から、その地域に関する特定事業の調査・研究の委託、地方自治体からの助成金による活動支援する事業などは、資金が底をつけば活動の継続性が難しい。地元に密着した地に着いた活動こそ、継続性が担保される事例を示している。

地域史による広域連携

東北地方は、地政学的に北に位置していたことから独自の道を歩んできた。弥生時代以降も稲作農耕文化は定着せず、続縄文文化、北海道まで広域な擦文文化に属する人びとが住んでいた。関東以南とは異質な歴史・文化をたどっている。俘囚や蝦夷系人びとと、徐々に関東以南の南から移住してきた人びとが入り混じって生活するようになる。地理的に中央政権から遠いため、支配も関東以南ほど強い影響が及ばない地域であった。平安時代後期、東北地方は陸奥国（太平洋側）は阿倍氏が、出羽国（日本海側）は清原氏という地元の二大勢力が独自に組織された政治権力をもち、中央とは独立的な「俘囚国家」的な意味あいの大きな勢力で一円を統治していた。

中央の律令政権が陸奥国を覇権するため、南進してきた阿倍氏に対して国司藤原登任と阿倍頼良、貞任父子が激突した。前九年のはじまり、いわゆる「鬼功部（鬼首）の合戦」である。「前九年の役」は、永承六（一〇五一）年にはじまり康平六（一〇六二）年に終結した。前陸奥守・源頼良から援軍の依頼で清原光頼、弟頼則が参戦した。「奥州十二年合戦」とも呼ばれる。山北三郡（仙北、平鹿、雄勝地方）の俘囚長清原一族の援軍により、阿倍氏の最後の本拠地の厨川柵（盛岡市）の決戦において、阿倍氏の権力は滅亡し、前九年の役は終結した。

清原氏が陸奥・出羽地方一円を支配するようなって、しばらく平和が続いたが、権力集中のため永保二〜三（一〇八二〜三）年ころに内部抗争が続いた。国司源義家軍は、金沢柵（横手市の金沢公園に残る遺跡）に籠城していた清原家衡軍を長期の兵糧攻めで、寛治元（一〇八七）年、清原一族が滅ぼされた。「後三年の役」である。清原氏亡き後の現地族長権力は、源義家を援軍した藤原（清原）清衡に吸収・再建されていった。

この藤原清衡こそ、前九年の役で阿倍政権の有力な一員として活躍した藤原経清の子で、のちの奥州藤原の三次にわたる平泉政権を樹立した人物である。中央政権から遠く離れた東北の地に黄金文化を花を咲かせた。藤原清衡―基衡―秀衡と三代約一〇〇年間続き、日本の歴史・文化にとって特異な極めて重要な位置を占めている。文知五（一一九八）年、源頼朝の奥州攻めによって、東北地方ははじめて中央政府の支配下に入った。武家政権の安定的な確立でもあった。

平泉黄金文化の象徴である「中尊寺金色堂」は、初代清衡が天治元（一一二四）年に建立した仏堂。平等院鳳凰堂とともに平安時代後期の浄土建築の代表作で、昭二六（一九五一）年に文化財保護委員会は国宝建築物第一号として認定した。平成二三（二〇一一）年には、世界遺産として、中尊寺や周辺の極楽浄土をこの世に再現しようとした毛越寺庭園などを「平泉の文化遺産」としてユネスコのリストに掲載された。

奥州藤原氏の縁で関係市町が連携し、観光・まちづくりで連携しようという活動が模索されはじめている。藤原氏に関連する共通性の地域や物語性があることから、まちづくりの方向性、観光ルートの構想など、たくさんの素材が各地に存在している。県内では、二市一町がゆかりの地である。

大館市は、藤原秀衡の子・第四代泰衡が源義経を自害させた本人であるが、泰衡が蝦夷地へ逃亡する途中、河田次郎の本拠地肥内郡贄柵（大館市二井田贄里）で殺害され、奥州藤原氏が終焉を迎えた地とされる。大館市二井田には、泰衡を祀った錦神社がある。この神社の敷地内の池には、中尊寺から株分けされた「中尊寺ハス」が地元の人びとが大事に育てている。中尊寺ハスは、昭和二五（一九五〇）年に中尊寺の泰衡の首おけから見つかり、平成一〇（一九九八）年に植物学者が開花に成功させた。ゆかりのある地に株分けされたものである。横手市は、後三年の役の舞台となった最終決戦地、金沢柵跡がある。発掘調査が続けられており、櫓の一部とみられる柱材が出土するなど、今後の調査結果で、この地域を実効支配していた清原氏について解明されることが期待される。美郷町は、奥州藤原氏の開祖となった初代清衡の義父・清原武則の居城とされる鎧ケ崎城跡がある。
平泉を訪れる歴史ファンの物語性を持たせた歴史の旅の回遊や、地域相互間の連携・交流など、その秘めた可能性は大きい。

寒風山の山焼き

日本海に突きでた男鹿半島は、新第三紀層の出羽山地から取り残された海に浮かぶ、かつては男鹿島であった。男鹿島は二つの砂州などによって結びつけられた複式陸繋島で、完新世の数千年前の縄文時代に陸続きとなった。寒風山（標高三五四・八メートル）は、本山（標高七一五メートル）、真山（標高五六五メートル）とともに男鹿半島の三山（毛無山（標高六一七メートル）が入ることもある））の一座。『日本地名辞書』によれば、サムカゼ、カンブウと読み、古くは妻恋山とも羽吹風（はぶかぜ）ともいう、とある。

寒風山は半島東部にあり、鳥海火山帯に属するアスピーテトロイド型の二重式火山で、山容はコニートロイデ型。数回の火山活動による噴出物からなり、活動時期は、二〇、〇〇〇～一〇、〇〇〇年前とされている。最初の活動で溶岩台地が形成され、次の活動で塔の峯・現在の寒風山や蛇越長根・姫ケ岳（標高三三七メートル）のドームが形成された。外輪山がアスピーテ型、中央に溶岩円頂丘状の火口丘がある。この火口丘には、昭和三九（一九六四）年に回転式展望台が完成。その眺望は三六〇度パノラマの絶景である。山頂の北西部には、第一次噴火でできた直径六〇〇メートルの経ノ町（きょうのまち）噴火口が、南西方向の姫ケ岳の中腹には古玉ノ池（ふるたまのいけ）の新火口が鉢状に残っている。

文化七（一八一〇）年、この付近を震源とする群発地震があり、火山活動の記録はないが死者六一名の犠牲者がでている。

寒風山は、安山岩溶岩質の採石場があり、麓には、石材加工店が営業している。切りだされた石材は、古くから男鹿石、寒風石の名で護岸、石垣用、墓石、庭石など広く利用されている。山体が大きいことから、水を貯蔵する天然のダムのように山麓からの湧水群が多数ある。水量が豊富で、滝の頭の湧水は男鹿市の大切な上水道用水の水源として利用されている。火山活動由来の温泉も涌出し、観光者の宿泊地として賑わっている。

渡部斧松（寛政五（一七九三）年~安政三（一八五六）年）は、江戸時代末期の篤農家。新田開発などで、新村「渡部村」（男鹿市若美町）の開拓者として知られている。能代市檜山生まれ。一七歳の時、船越郡役所勤務の叔父・惣治とともに、鳥居長根（現若美町）の開拓に従事した。滝の頭を水源とする水路八キロメートルに及ぶ難工事を五年の歳月をついやし完成させた。文政八（一八二五）年、藩内近郷の入植者による新しい村が誕生し五〇町歩の農地が開発された。新村では、備荒米貯蔵、馬市の開設、村法取り決めなどの村づくりに尽力し、その功績をたたえ渡部神社にまつられている。

焼き畑農業は古い歴史をもち継承されてきた。我が国の草原の多くは、山里の山林と同様に人手がはいることによって維持管理されてきた半自然状態の環境下にある。かつては肥料や堆肥として草を刈とり、放牧も行われ、草原は維持管理されてきた。寒風山の山麓も同様で、古くから近郷農家の採草地として利用されてきた。新村渡部村では馬市が開催された記録など、農耕用牛馬は、貴重な労働力であった。餌、堆肥などの刈り取りは昭和三〇（一九五五）年代後半まで続き、春に野焼きをして草原は維持されていた。農業の近代化、機械化、化学肥料の普及によって次第に採草地として利用されなくなった。景観維持や慣習継続から春の野焼きが続けられたが、一部ヤブ化が見られるようになり、平成一五（二〇〇三）年まで男鹿市と関係団体で山焼きをおこってきた。この一三年間で山焼きが実施できたのは四回で、春先の天候不順や強風で準備費用が無駄になるなどの理由で平成二六（二〇一四）年四月が最後となった。その後は山焼きが廃止され、草刈りで管理している。

寒風山は、男鹿国定公園の中でも中心的な観光スポットとして親しまれる地域。その山容の特徴は女性的な景観で全山が芝生の山である。この自然環境・景観を保全し、地域文化を継承しようと、平成三一（二〇一九）年四月七日、山焼きを再開することが決定された。男鹿市、関係団体、ボランティアの実行委員会が結成された。計画によると、回転展望台の北西側の経ノ町噴火口内の一三ヘクタールで実施する予定。今回の山焼きによって、植物に与える影響の把握や安全で継続できる組織体制の確立、住民やボランティアの積極的な関わり方など、その取り組みが注目される。平成三一（二〇一九）年四月二三日、事前の草刈りや延焼防止用の除草などの事前準備に一一二人のボランティアが参加した。四月二〇日の当日は、天候にも恵まれて消防団やボランティアら二〇八名が参加し、五年ぶりに山焼きが無事に行われた。

男鹿半島・大潟村ジオパーク

我が国で、ユネスコに登録されている世界ジオパークは九ケ所、日本ジオパークの認定は三五ケ所ある。そのうち、秋田県内では四ケ所のジオパークが認定されている。男鹿半島・大潟は平成二三（二〇一一）年九月、八峰白神、ゆざわは平成二四（二〇一二）年九月、鳥海山・飛島は平成二八（二〇一六）年九月。

八峰白神ジオパークは、本県最北西部に位置する八峰町の海岸沿いの急崖や河岸段丘が対象。「白神山地とジオサイト」をテーマとしている。世界遺産白神山地とハタハタや天然岩ガキを育てる豊穣の海に接したジオパーク。「白神山地とジオパーク」をテーマとしている。白神山地をあたかもデコレーションケーキをナイフで切ったような海岸線の急崖の絶壁は、マグマの噴出や岩脈、断層、滝、河岸、海岸段丘などを観察できる。

ゆざわジオパークは、県最南東部に位置する湯沢市全域が対象。一六ケ所のジオサイトがあり、「大地が創り育てた美の郷湯沢」がテーマ。高さ六〇メートルの断崖の裂け目や河床から噴きだす高温の蒸気と熱湯が噴きだす小安峡大噴湯、日本三大霊地の一つの川原毛地獄、火山由来の地下深くにある高温の地熱貯留層の噴出を利用した地熱発電所、日本有数の銀鉱石が発掘された院内銀山、多くの湧水があるのが特徴。

鳥海山・飛島ジオパークは、県最南西部と山形県にまたがる地域が対象。由利本荘エリア、にかほエリア、遊佐エリア、酒田エリア、飛島エリアと広域。「日本海と大地がつくる水と命の循環」がテーマ。鳥海山の噴火起源の山体崩壊で土砂流出し、点在する地形となった九十九島の象潟湖は地震で隆起したが、この名残をとどめる景観。鳥海山の冷水をかんがい用水として利用するために工夫した水路の上郷温水路群。湧水が沖合の海底から大量に湧出し、その恩恵を受ける天然岩ガキなど豊かな海産物資源など、豊かな環境が特徴。

男鹿半島・大潟ジオパークは、県中央西部の男鹿市と大潟村の地域が対象。男鹿市の男鹿半島一帯と、我が国最大の潟湖「八郎潟」の水を汲み上げて誕生した我が国最大の干拓地、大潟村が対象エリア。ジオサイトは、大小合わせて二〇余ケ所を設定。「半島と干拓が育む人と大地の物語」をテーマとしている。

男鹿半島は過去、九、〇〇〇万年前ころからの大地創世の歴史を地質に刻む。ほぼ連続して日本列島

地質時代区分

地質時代（代・紀・世　）				男鹿の地質	男鹿のようす		年前
新生代	第四紀	完新世					現　在
			後　期		半　島		4200 年
			中　期	砂丘・砂層	島		8200 年
			前　期	寒風山安山岩 目潟火山噴出物		氷河時代・海面昇降	1 万 2000 年
		更新世	後　期	五里合層 潟西層	島 ↑ 陸　化 ↑ 浅海化 ↑ 隆　起		12 万 6000 年
			チバニアン	鮪川層 戸賀軽石層			77 万年
			カラブリアン	脇本層 北浦層			180 万年
			ジュラシアン				260 万年
	新第三紀	鮮新世		船川層 女川層	深　海		
		中新世		西黒沢層 台島層	浅　海	日本海形成	540 万年
					火山活動の場		2300 万年
	古第三紀	漸新世		門前層			3490 万年
		始新世			陸		5600 万年
		暁新世		赤島層			6600 万年
中生代	白亜紀			基盤岩 （花崗岩）	アジア大陸の東縁		1 億 4500 万年
	ジュラ紀						2 億 0100 万年
	三畳紀						2 億 5200 万年
古生代	ペルム紀						3 億 0000 万年
	石炭紀						3 億 6000 万年
	デボン紀						4 億 2000 万年
	シルル紀						4 億 8500 万年
	オルドビス紀						4 億 8600 万年
	カンブリア紀						5 億 4100 万年
原生代							25 億 000 万年
始生代							36 億 000 万年
46億年前地球誕生							

が形成された年代の地層が分布し、観察できる。男鹿半島突端の入道崎の急崖「鹿落とし」は、半島内で古い地層。恐竜が生息していた年代の七、〇〇〇万年前に火山噴出物が固まった溶結凝灰岩で、非常に固い。波に洗われて丸くなった石は、名物「石焼き料理」の焼石として使われる。最も古い地層は、鬼の田つこ海岸の崖で、九、〇〇〇万年前の地層がある。潮瀬崎海岸は、三、〇〇〇万年前の海底火山活動によってできた火山礫凝灰岩、泥岩など地層が波の浸食を受けて、自然石の彫刻美術館のように、「ゴジラ岩」など奇岩が多数存在している。舘山海岸の急崖は、二、〇〇〇万年前の火山活動による多量の火山灰や火山礫が積み重なって堆積した地層に、火山活動の熱水で緑色に変質した凝灰岩類（グリーンタフ）が見られる。西黒沢海岸は、一、五〇〇〇万年前、半島内で最も古い海底でできた堆積岩で、当時の海底面が広く現れている。ホタテ貝類の化石、カキやウニ、海綿、大型有孔虫など、海の生物の化石が豊富に見られる。このころ、海は浅瀬で、温暖で亜熱帯のような気候であったとされる。鵜ノ崎海岸は、一、〇〇〇万年前に三、〇〇〇メートルの海底で堆積した泥岩で、海面すれすれに、沖合数一〇〇メートルまで洗濯板状に顔をだしている。泥岩には、ケイソウなどの植物プランクトンの死骸の珪酸分を多量に含み、魚の骨やウロコなどの化石が見られる。この泥岩は、石油起源でもあり、県内に広く分布している。安田海岸は、五〇万年～八万年前に堆積した地層が連続して切れ目なくあらわれている。海岸線の五〇〇メートル以上の急崖の地層内には化石が多い。原生動物の有孔虫、甲殻類、ウニ類、魚類など、石炭になりかけた植物層の亜炭なども見られる。また、北海道の洞爺湖のカルデラ、九州の阿蘇山、北朝鮮の白頭山から飛来してきた薄い火山灰層が挟んでいる。寒風山は、二万年前ころに活動した火山で、山頂から複数の噴火口が見られる。

大潟村は、日本最大の潟湖「八郎潟」を干拓してできた新村。村は、オランダのように海水面より低い干陸で、八郎潟の残存湖は「八郎湖」と呼ばれ、調整池となっている。平成一二（二〇〇〇）年四月二九日、「大潟村干拓博物館」がオープン。かつての八郎潟や大潟村の歴史や文化、自然環境などが紹介されている。村の中央部には、東西を結ぶ「菜の花ロード」と呼ばれる一一キロメートルに及ぶ桜並木の直線道路がある。道路の両側には、ソメイヨシノや八重桜など三、六〇〇本の桜並木と、道路の路肩ぞいに、春には菜の花、夏にはヒマワリが植栽され、新たな観光名所となっている。特に早春は、空の青色、満開の桜のピンク色、菜の花の黄色と、直線道路沿いに展開され、そのコントラストは絶景。新たな景観創出による観光地となった。村の中央部には、東経一四〇度と北緯四〇度の交会点標示塔がある。村内には、温泉が二ケ所あり、多くの人びとで賑わって身体や心を癒している。「大潟モール温泉」は美肌の湯ともいわれる。温泉源は、五〇〇〇万年前の海水が地層水に閉じ込められたもの。五〇〇〇万年前は新生代の時代で、恐竜が滅亡し、ほ乳類が繁栄した時代。被子植物の全盛期で緑豊かな草原が地球上を覆っていた。その植物が腐食質となり、温泉に溶けこみ、黄金色のモール温泉の泉源となっている。火山活動由来の温泉と違い、腐食質を多く含む泉質は有限で、全国的にみても希少価値がある。温泉熱による人体皮下浸透能が非常に高くて高効率、短時間で身体が温まる効用がある。泉質は植物由来で天然保湿成分が多く含まれているため美肌効果がある、とされている。

平成二九（二〇一七）年一〇月二五～二七日、東北初開催となる「第八回日本ジオパーク全国大会男鹿半島・大潟村大会」が男鹿市と大潟村で開催され、全国各地から大会にかけつけた。

男鹿半島・大潟村ジオパークには、入道崎～西海岸、塩瀬崎～館山崎、西黒沢～鵜ノ崎海岸、安田海岸、八望台～寒風山、大潟村の六コースが推奨。火山地形、地質構造の豊富さ、植生の多様性、特徴ある優れた景観やナマハゲなどの伝統文化、地元産を使った食文化など、多彩な魅力ある地域である。これらのジオパークは、地質学や理科の学習フィールドなど広く活用。また、江戸時代後期に当地を旅した菅江真澄が残した二〇〇年前の図絵と現地と見くらべて景観の変化や当時の庶民の生活ぶりに触れて楽しむなど、多彩な催しとなった。

地元の菅江真澄研究会など各種団体が連携して活動し参加した。地域学という視点から、今後の活動が期待される。

最近話題になっているチバニアン（七七万年前〜一二六、〇〇〇年前）について触れておきたい。今から六、六〇〇〇万年前、中生代から新生代の地質時代となる。中生代の終わりの白亜紀に恐竜が絶滅し、新生代に入り哺乳類が繁栄する時代となる。新生代は、古第三紀、新第三紀、それに続く第四紀と進んでいく。第四紀は更新世と完新世に分類される。第四紀は地球規模で寒暖の差が大きく、氷期、間氷期を繰り返した。ダイナミックな気候変動により海面は上昇・降下を繰り返し、動植物に大きな影響を与えた。更新世は、ジュラシアン、カンブリアン、チバニアン、後期に分類される。

チバニアンは、今から七七万年前〜一二六、〇〇〇年前の第四紀の中盤にあたる期間をいう。七七万年前は直立歩行で道具を使うヒトの先祖、ホモ・エレクトスがアフリカ大陸からアジア大陸へ移動した時代。我々の直接の先祖のホモ・サピエンスが出現した時代は、チバニアンと呼ばれることになる時代の後半にあたる。現代と同じような動植物が出現した時代。

地球上で七七万年前という最近の地層が地上でみられるのは、地殻変動の激しい日本とイタリの限られた地域だけである。地質時代の年代区分で境界の基準となるものは、世界でただ一つの地層として選定される。この地質が千葉県市原市田淵にある千葉セクションにある火山灰層（白尾E）の形成年代との境界年代からはじまる時代の名称がチバニアンとよばれることが令和二（二〇二〇）年一月一七日、国際地質科学連合（ＩＵＧＳ）で正式決定された。

八郎湖をめぐる地域活動

縄文時代の晩期まで、本土と男鹿島の間は海で分断されていた。雄物川と米代川河口から供給された土砂が砂州となって発達し、北西の季節風による漂砂やトンボロ現象と相まって、男鹿島と本土は陸続きとなった。島の背後の海が潟となって残った。これが八郎潟である。天然の排水路（現在の船川水道）ができるまでは、潟の水位が海面より高く、潟の面積は現在よりはるかに大きかった。能代市の浅内沼、秋田市金足の男潟、女潟はその名残をとどめている。

干拓前の八郎潟は周囲七八キロメートル。潟湖の水面標高は〇メートルで、塩分濃度は〇・二～〇・四パーセントの富栄養化の汽水湖であった。流域に降った雨は、河川や水路をとおして潟湖に流れこんでいた。さらに、潟の水は船川水道を通って海に注ぐ。このため、潮位の干満の影響で淡水と海水が混じり合う汽水湖。コイ、フナ、ワカサギ、シジミ貝など、豊富な水産資源の宝庫で氷下漁、うたせ舟などによる漁業が盛んであった。水辺にはカヤやヨシ原などの湿原性植物が繁茂し、野鳥のえさ場など、生態系豊かな自然環境の地域でもあった。

潟湖の沿岸には、古くから生活を営んだ足跡が残っている。中央の政治的な中心地から、はるかに離れた当地域のもつ歴史的、文化的な背景について、一石を投じる遺跡が発見された。当地方は、『三大実録』の元慶二（八七八）年七月一〇日の条に、「秋田城下賊地者、上津野、火内、搵渕、野代、河北、脇本、方口、大河、堤、姉刀、方上、焼岡他一二村」とあるように、八郎潟沿岸の八ケ村は賊地とされていた。当時、まだ中央政権の影響が及ばない独自の道を歩んでいた。

昭和三四（一九五九）年四月、寒風山山麓の東麓の低地に移る縁辺の脇本の小谷地集落の耕地整理の際、用水路に屋根板らしきもの、須恵器、砥石などが発見された。県教育委員会と男鹿市が埋蔵文化財の緊急発掘調査が三ケ年間実施された。「小谷地埋没建物遺跡」である。家屋遺跡二件、井戸のほか土師器、須恵器、鉄器、墨書土器などが出土。家屋は竪穴式で、屋根は地面まで達する板葺き。当時の生活様式を知る貴重な遺跡である。

八郎潟の残存潟、調整池の八郎湖の流域市町村は、二市四町一村と広範囲の自治体をかかえている。これらの市町村で降った雨は、河川や水路を通して湖に流れこむ。八郎潟であった当時は、自然の摂理によって水質汚濁はそれほど顕著ではなかった。流域の近代化、合成洗剤や化学肥料などが使われはじめ、干拓後の八郎湖の水質は急速に悪化した。一方、新たに誕生した干拓地周辺には、我が国で唯一ヨシ原などの地上に巣をつくるタカ類であるヒョウヒの生息が確認されるなど、新たな生態系も出現した。

このような問題意識と流域圏という視点から、八郎湖に関する地域活動が活発に展開されている。主に環境保全と水質問題、伝統文化のテーマで各種活動が取り組まれている。

環境保全では、八郎湖の環境を考える会（秋田県立大学）、ＮＰＯはちろうプロジェクト（潟上市）、ＮＰＯ草木谷を守会（潟上市）、馬場目川上流部にブナを植える会（大潟村）、コガムシの会（大潟村）、エコトピア湖東（五城目町）など。水質問題では、ＥＣＯネット市民フォーラム（潟上市）、八郎湖の水質改善サロン（大潟村）、大潟村木炭水質浄化研究会（大潟村）、井川さくらエコ協議会（井川町）など。歴史文化関係では、潟舟保存会（潟上市）、三湖伝説連絡協議会（潟上市）など。

秋田県は平成一三（二〇〇一）年ころから、水質汚濁が深刻な状況にある八郎湖の対策にのりだした。上流から下流まで一体の流域管理の必要性から、下水道整備など積極的な施策が展開された。また、八郎湖の再生活動を実践している活動団体の支援や環境意識の啓発、地域活動の活発化を図ることを目的としたプロジェクトとして、平成一六（二〇〇四）年度から「環八郎湖・水の郷創出プロジェクト」を開催。平成二〇（二〇〇八）年度からは、環境省東北事務所が主催で「八郎湖の再生を考える集い」が、二三関係団体が構成員となって開催されるなど、流域圏の連携が図られてきた。

八郎湖にかんする最近の注目すべき動向について、三件紹介したい。

佐藤晃之輔は、由利本庄市東由利老方出身で第四次入植者として、昭和四五（一九七〇）年一一月に大潟村に移り住んだ。廃村の記録や八郎湖畔の道標石などを丹念に調査している研究者。湖畔には古い石仏や石造が多数存在している。信仰心の深さや寒風山などの石材が豊富な地域であったことも要因としている。平成三〇（二〇一八）年一一月、『秋田・八郎湖畔の歴史散歩』（秋田文化出版）を公刊。本書は四部構成となっている。第一章は八郎湖畔沿いに二市四町一村を周回する「歴史散歩通し編」。男鹿市・潟上市・井川町・五城目町・八郎潟町・三種町の各地域ごとに寺社、石碑など全体が網羅されている。第二章はジャンルごとに詳しい解説を加えた「歴史散歩部門別編」。資料・展示館、河川と渡し、遺跡・遺構、板碑などで構成。第三章は八郎潟ゆかりの文人墨客を紹介する「湖畔を訪れた文人の足跡」。菅江真澄、与謝野蕪村、古川古松軒、伊能忠敬など八名の足跡を紹介。第四章は知られざる逸話を集めた「湖畔余話」。湖畔の歴史的な出来事や特筆すべき一八話が収録されている。自然環境や生態系の保全、水質汚濁問題、環境学習などとは違った、八郎湖を多面的に捉えようという分野の一つである。

専門家の立場から、学術的な調査研究をしようとする団体が設立された。「八郎潟・八郎湖学研究会」である。平成三〇（二〇一八）年三月一〇日、八郎潟町農村環境改善センターで設立記念の集いが開催された。同研究会は、伝統的な漁法や漁獲量不足による漁業の衰退、夏季に大量発生するアオコなどの富栄養化が進む水質汚濁などの課題がある。専門家が連携して知恵をだしあい、解決策を探ろうと設立。専門分野の環境社会学、民俗学、水産学、日本近代現代文学などの有識者が名を連ねている。研究会の代表者、秋田県立大学谷口吉光教授が発起人となり、

「八郎潟・八郎湖学」を干拓前の八郎潟と干拓後の八郎湖を連続したものと捉え、その価値を再評価する試みと定義したうえで、干拓前、八郎潟と住民との間には密接な心のつながりと豊かな地域文化があった。その歴史を伝えるとともに未来に引き継ぐ必要がある

と、設立主旨を述べている。

この活動が動きだした。同年四月、カードゲームを使った八郎湖環境学習に活用するための教材の作成がはじまった。同六月には、県立大学図書・情報センターに八郎潟、八郎湖に関する文献・資料を一堂に集め、整理、分類、保存して活用を図る目的でアーカイブを開設。同年八月には、八郎潟文学散歩として、正岡子規、幸田露伴、与謝野蕪村などの文人の足跡や記憶をたどる八郎潟巡りのツアーが行われた。

潟上市天王の自性院（鈴木道雄住職）では、令和元（二〇一九）年六月、『潟物語』を刊行した。平成五（一九九三）年～平成二九（二〇一七）年まで五〇回にわたって発刊した寺の広報誌を再編集した。大正時代（一九一二）～昭和初期（一九二六）生まれの天王地区の住民四〇余人が語り部となって、干拓前の八郎潟での漁業の様子や潟に面した暮らし、思い出などの内容。漁師やその妻、船大工、漁具職人、佃煮加工業者などが登場し、氷下曳き網漁、シジミ漁などの八郎潟での特徴的な漁法や漁具の工夫と使い方など、イラストや当地で撮影された一二〇点の写真で構成されている。

このように、八郎潟・八郎湖は地域学からの視点として、多面的、重層的に捉えられている。潟湖の

形成過程、自然環境、歴史や伝統文化、民俗など、さまざまな素材がある。縄文時代から連続した時間軸で人びととのかかわりが深い。その歴史は、中央の影響を受けながらも、地域環境に根ざした独自の風土が形成された。これらを背景とした素材が沿岸地域に広く分布している。

多くの活動団体や地域住民が幅広く活動している背景には、流域の人びとの故郷の原風景、心のよりどころ、失った文化・生活の郷愁など、その地域性にあるのではないだろうか。

V　歴史からみた北緯四〇度

民俗学からみた北東北

北東北は、青森・秋田・岩手の三県を指している。この北東北の地域を考古学や民俗学の側面から掘りおこし、歴史的評価について各方面で論じられている。赤坂憲雄著『方法としての東北』のなかに、北東北の特賞を次のように紹介している。その概要は以下のとおり記述されているので引用する。

縄文時代は土器が使われはじめた一万千年前から、稲作農耕がはじまる二、〇〇〇数一〇〇年前の弥生時代までの期間のおよそ一〇、〇〇〇年といわれている。弥生時代の稲作農耕文化は北東北には定着せず、続縄文時代となり、北海道を含む北東北の文化圏を形成していた。その後、中央政権が徐々に北進してきた古代にかけて、以下のように考察できるという。

富樫泰時は『縄文土器にみる南と北』で、東北地方には二つの異なる土器様式がみられる。北海道南部から北東北に分布する「円筒土器」と南東北から一部新潟県に分布する「大木土器」である。この分布の境界は、秋田～田沢湖～盛岡～宮古を結んだラインになるらしい。縄文中期～後期・晩期、さらに弥生時代、古墳時代を経て古代へと、秋田・盛岡ラインが境界線として生き続けたという。境界線の背景には、アイヌ語地名の分布に関係しているようだ。

工藤雅樹の『いくつもの東北』の座談会で、秋田・盛岡ラインを少し幅広く解釈すれば、水田稲作の北限ラインと重なる。青森県の垂柳遺跡、砂沢遺跡は、水田跡や稲や炭化米など、津軽平野まで稲作が北上している痕跡がみられる。稲作はそのまま定着したわけではなく、やがて後退した。古墳時代の北東北は稲作の圏外となる。奈良時代あたりになって、次第に稲作の定着がみられるようになった、という。さらに、古墳の広がりは、仙台平野、山形盆地、新潟平野をつなぐラインあたりが北限であり、例外として岩手県の胆沢町角塚に前方後円墳があるだけだ。この古墳の広がりは、ヤマト主権の政治的な影響が強く及んだ北限ラインでもあった。奈良時代の末あたりから、このラインは北上して、秋田・盛岡ラインまで、郡の制度が敷かれて、ヤマト国家の領域に正式に組み込まれた。秋田・盛岡ラインの北側は一二世紀以前には郡制が施行されない「蝦夷の地」であり続けた。

三浦圭介は『古代東北地方北部の生業にみる地域差』で、古代東北の地域差は、秋田県の米代川流域と岩手県の馬淵川流域を結んだラインが生業が異なっていることを指摘している。北東北は、古代を通じて少なくとも古代後期においては北海道南部を含む、北日本の中の拠点的な地域であった。北東北は、一〇世紀前後に交易や産業が発達し、その富を求めてヤマト政権の侵攻がおこなわれたらしい。この地域の生業は、製鉄、製塩、ろくろの導入による漆器や須恵器の生産などが確認されているが、これらの生産物の供給地は、津軽海峡をはさんだ北海道にまで広がっている。

山田秀三の『アイヌ語地名の研究』では、アイヌ語の沢や川に由来する内（ない）や別（べつ）は、仙台平野の北側の大崎平野と山形・秋田県境を結ぶラインで、北側に極端に分布している。このラインは、奈良時代における北の蝦夷と南の和人を隔てる境界であった、という。古代の蝦夷はアイヌ語的な言葉を話し、マタギも東北南部とは異質なものであった。マタギの狩猟文化、アイヌ語地名、縄文文化の痕跡といったものが、北東北にはかなりの数存在している。

出口昌子の『日本と周辺アジアの伝統的船舶』で、秋田県の米代川と岩手県の田老町を結んだラインが舟をめぐる民俗文化の境界線としている。伝統的な舟の形式や技術について、日本列島のなかには、きわだった地域差が認められる。丸木舟とくり舟の存在である。北側には舷側板（タナ）の発達したくり舟で、北海道、サハリン、アムール川下流部まで続く。南側には、船底板（シキ）が発達し、西南諸島のトカラ列島、朝鮮や中国に続くという。北東北の伝統的な舟が、北海道アイヌやシベリアの舟に技術的に連なることは注目されるところである。

森本孝の『船と港のある風景』では、一本の木からくりだした底材であるムダマで造る舟は、北海道〜本州太平洋側の下北半島〜岩手県久慈付近まで、日本海側では八森海岸までみられる。磯舟の推進具である車櫂は岩手県宮古市までみられ、アイヌの人びと、アムール川のロシア沿岸の河川に分布している。いずれも、北方の国々と日本の北辺地域の人びとの交流の証としている。また、焼き畑農業にも北東北と南東北では農法の違いがみられる。北部ではアクラ型の焼き畑が分布している。北東北は、典型的なヒエを常食とする雑穀地帯であるが、このヒエ栽培もまた、アイヌ文化につながる「北の文化」固有の農耕の一つと考えられている。南東北のカノ型の焼き畑は、主食としてのソバやカブの栽培とは対をなしている。

名久井文明の『樹皮の文化』で、西南日本での民具の素材はワラが主流で、竹材もあるが、竹は山形あたりが北限である。それに対して、北東北は、非稲作的な農耕のためにワラが不足しているため、樹皮が主流である。樹皮の加工や細工の技術が縄文へと連なる可能性があると指摘している。箕の民具も南東北では竹箕であるが、北東北は樹皮であるとしている。

その他、オシラ様信仰の習俗の違いや、巫女の口寄せ習俗など北ほど濃密であるなど、北東北について考古学や民俗学から比較研究し、その違いが論じられている。

先人の足跡・旧石器時代

地質時代で新しい新生代新第三紀の時期は、今からおよそ二、三〇〇万年前〜二六〇万年前の期間とされている。この時代、現在のほ乳類のすべてのグループが出現し、種や個体数も現在よりはるかに多く繁栄していた。新第三紀は、温暖な気候であったが、第四紀に入り寒冷化が急速に進行した。第四紀は、人類の時代ともいわれ、さらに二つに区分される。今から二六〇万年前〜一二、〇〇〇年前の更新世（洪積世）と、その後に続く一二、〇〇〇年前〜現代の完新世（沖積世）である。我が国で氷期と間氷期を五回ほど繰り返したことが確認されている。氷期は古い順に、六〇〇万年前〜五四〇万年前のドナウ氷期、四七〇万年前〜三三〇万年前のギュンツ氷期、三〇〇万年前〜二三〇万年前のミンデル氷期、一八〇万年前〜一三〇万年前のリス氷期、最終は七〇、〇〇〇年前〜一五、〇〇〇年のヴュルム氷期。最終氷期の二〇、〇〇〇年前〜一八、〇〇〇年前、氷河の発達に起因した海水準の相対的低下で、およそ八〇〜一〇〇メートルも進み、アジア大陸と日本列島の間には陸橋が形成され、動物や人類の移動がおこなわれたと考えられている。長野県信濃町にある野尻湖では、ナウマンゾウやオオツノシカ骨格、骨器や小型剥片石器などが確認されている。ナウマンゾウは一〇、〇〇〇年前に急激に絶滅したが、オオツノシカは縄文時代草創期まで生息していた。

旧石器時代は、石器の加工や形から三期に区分されている。形が不定形で剝片に新加工を施した程度の石器を特徴とする時期を第Ⅰ期。ナイフ形石器を特徴とする時期が第Ⅱ期。細石刃を特徴とする第Ⅲ期。

秋田県内の旧石器時代の遺跡は少ない。現在のところ、第Ⅰ期の遺跡は確認されていない。米ケ森Ⅰ・Ⅱ遺跡（大仙市協和町）、此ノ掛沢遺跡（能代市）、は第Ⅱ期。米ケ森Ⅲ遺跡（大仙市協和町）、矢櫃遺跡（雄勝郡東成瀬村）などは第Ⅲ期。秋田市の御所野台地の旧石器時代遺跡群、大仙市南外村の小出遺跡、三種町八竜町の鴨子台遺跡などが発見され、史料が蓄積され、研究が進行中である。

第Ⅱ期は、今から二五、〇〇〇年前から一四、〇〇〇年前であるから、県内には、旧石器時代の二〇、〇〇〇年前から人が住んでいた足跡がある。

旧石器時代は、狩猟により移動した生活であり、その行動範囲には山や川、海などの地形が大きな障害となった。それぞれの地域での地形や動植物の種類など自然環境に大きく依存していた。

平穏が続いた・縄文時代

日本列島に土器が出現したのは、今から約一二、〇〇〇年前で、水田稲作がはじまる約二、四〇〇年前まで、狩猟採集経済のもとで定住生活が定着した時代を縄文時代としている。その時代の文化を縄文文化と呼んでいる。縄文時代は、およそ一〇、〇〇〇年間続き、草創期から晩期まで六期に細分される。草創期（一二、〇〇〇～一〇、〇〇〇年前）、早期（一〇、〇〇〇～六、〇〇〇年前）、前期（六、〇〇〇～五、〇〇〇年前）、中期（五、〇〇〇～四、〇〇〇年前）、後期（四、〇〇〇～三、〇〇〇年前）、晩期（三、〇〇〇～二、四〇〇年前）。

縄文文化は、完新世の温暖な気候条件下で、狩猟・採集・漁撈など自然環境に適応した食料採集民の文化である。農耕・牧畜を持たない新石器文化でもある。土器は、煮沸用具として出発し、可食範囲を飛躍的に拡大した。殺菌効果も大きく、幼児から老人、病人まで食料摂取を可能にした。土器様式は、時代とともに変化し、地方色豊かな特色あるものが出現している。縄文時代前期には特に温暖で、気温が現在よりも一〜二度ほど高く、海面がピーク時には五メートル、平均でも二〜三メートル高かったとされ、いわゆる縄文海進の時期もあった。海水温の上昇は、プランクトンを大量に繁殖させ、それを捕食する貝類も繁殖させた。海辺の縄文人は貝類を食料とし、大規模な貝塚を残している。この縄文時代前期、全国六地域で特徴的な様式の土器がつくられた。

笑う岩偶（北秋田市森吉町白坂遺跡より出土）

東北地方南部は「大木土器様式」がつくられ、北部から北海道南西部に「円筒土器様式」がつくられた。大木土器様式は、深鉢や鉢形の器形をなし、地文に縄文が施され、その上に細い粘土紐をはりつけた特徴ある土器。円筒土器様式は、器形が筒形をなすものが多く、土器の口縁部に文様帯をもち、器面にいろいろな縄文がほどこされた土器という特徴。

北緯四〇度ライン上に縄文時代中期の沢田遺跡がある。南秋田郡八郎潟町の真坂と浦大町の間、高岳山の南麓台の標高約三〇メートルの段丘上に位置する。現在は、八郎潟干拓事業の土取場で、土砂は削り取られて姿を消した。数一〇から一〇〇にも及ぶ竪穴住居跡が何層にも重なり合っていることが確認された。単なる一世代の集

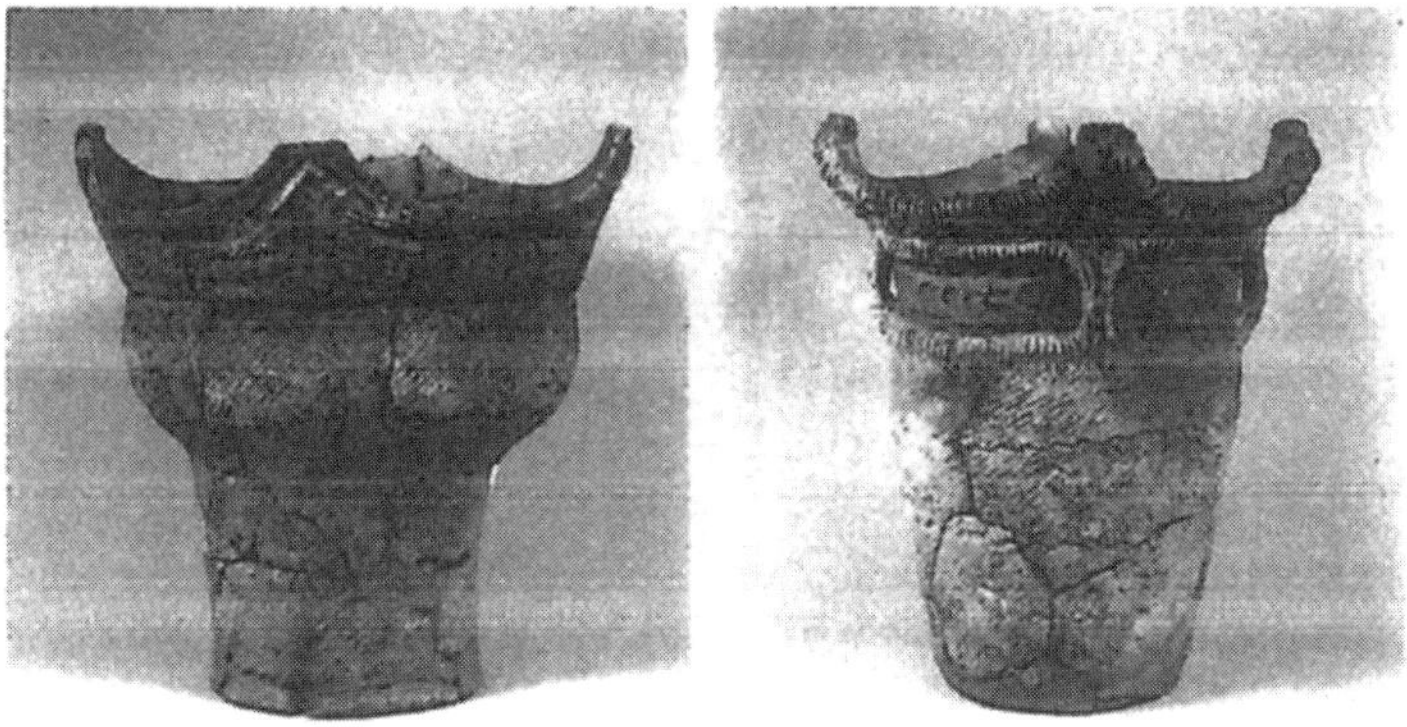

大木土器様式（左）と円筒土器様式（図説『秋田県の歴史』より）

落跡ではなく、幾世代にもおよぶ同じ地域での生活を営んでいた集落跡の痕跡であることを示している。この遺跡は、北側に三倉鼻～高岳山～森山が連なる山々があり、西側には八郎潟が、南側には緩やかに馬場目川が流れて八郎潟に注いでいる。冬季は北側の尾根が暴風壁になって周辺地域より暖かい環境にある。秋には鮎や鮭、鱒が川を遡上する。近くの八郎潟では魚類が多数生息し、貝類も豊富である。湖面には水鳥が飛来してくる。山に行けば、山菜や堅果類の採取、獣類も捕獲できる。食糧確保には不自由しなかっただろう。河川や湖面は、舟運の輸送手段として利用できる。食糧が不足する冬季は、降雪地帯であるが故に天然の貯蔵庫とし活用できる。温暖な気候とは決定的な有利さがある地域であった。

大木土器様式と円筒土器様式の二つの異なる土器様式の重なるゾーンが秋田市・田沢湖・盛岡市・宮古市を結んだ地域とされている。県北の能代市や大館市などの米代川流域で円筒土器様式が、県南の大仙市や横手市、湯沢市の雄物川中・上流域では大木土器様式が使われている。雄物川河口部の秋田市や横手盆地の北端の仙北市田沢湖周辺では、大木土器様式と円筒土器様式が混在している。また、昭和六一（一九八六）年、県中央部の大仙市協和町の上ノ山遺跡での発掘調査で、三〇棟前後の大型住居跡や、北方系の円筒式土器と

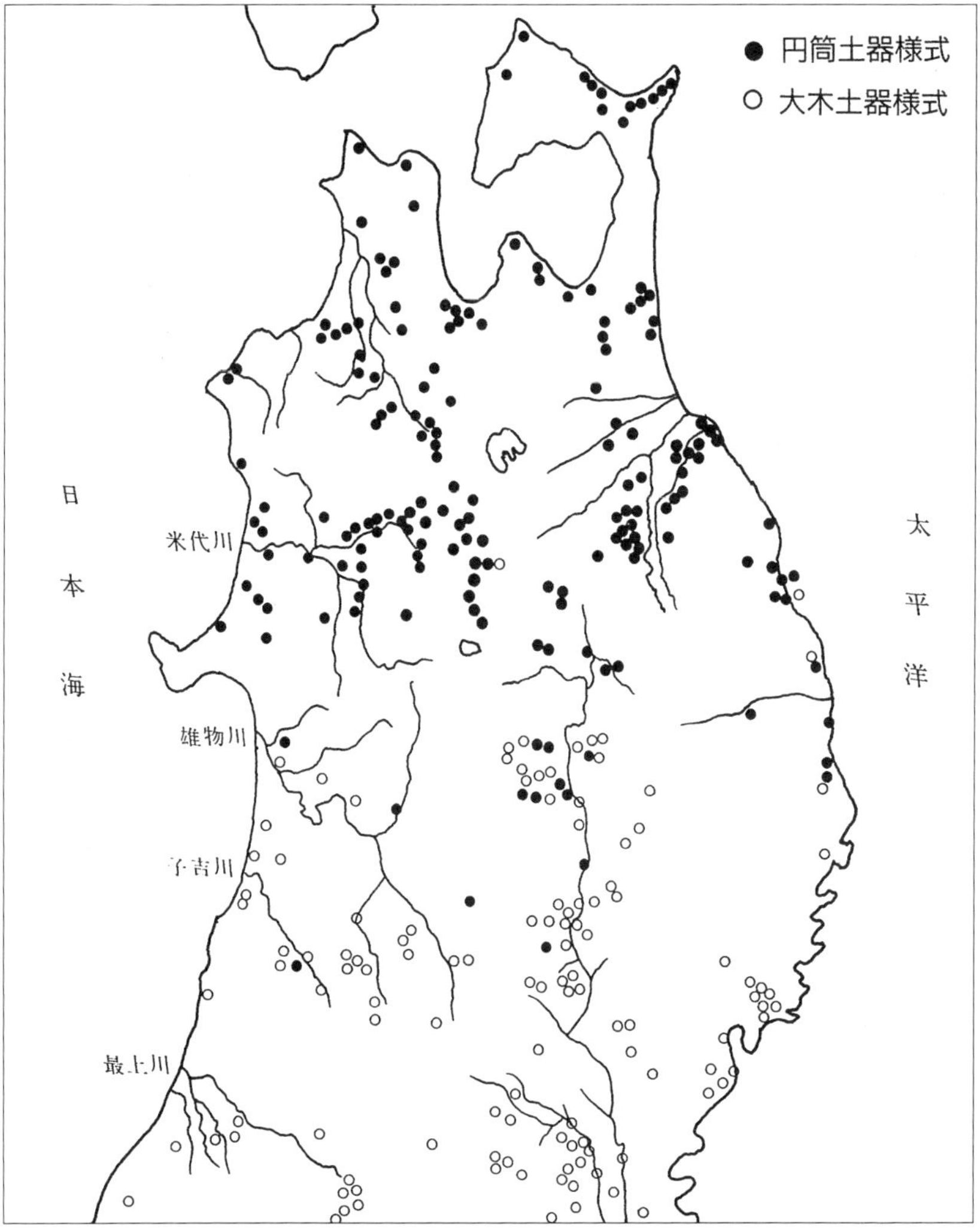

大木土器様式と円筒土器様式の分布図（図説『秋田県の歴史』より）

南の様式である大木式土器の両形式の土器が出土している。

縄文時代前期末期には、北の円筒土器様式は日本海沿岸を南下して北陸地方まで達している。一方、南の大木土器様式は北上し、花輪盆地まで達している。また、北陸の土器が持ちこまれ、秋田市や八郎潟沿岸地域では、北の円筒土器、南の大木土器、北陸の三つの土器文化が混在していた。さらに、円筒土器様式をつくった人びとは、その後、青竜刀石器の制作や縄文時代晩期に花咲いた芸術品ともいえる亀ケ岡土器様式の土器へとつながっていく。遮光器土偶はその代表的な傑作である。

高橋学著『竪穴・掘立柱併用建物の成立と展開』によれば、地面を掘り込んで建てる竪穴建物と、平地に柱を建てる掘立柱建物が棟続きのように接続した建物は二室構造の併用建物と呼ばれる、という。九世紀後半以降、北緯四〇度以北の東北北部に多くみられる。竪穴建物が住居、掘立柱建物は作業場として機能していた可能性を指摘している。加工場として、鉄生産や土器生産、木工などの手工業生産が広く行われていたことを示す、と考察している。

縄文時代の環状列石は、北海道渡島半島から、青森・秋田・岩手三県、それも北緯四〇度ラインから北側にある。この地域は、環状列石以前に円筒土器様式の文化が繁栄した地域でもある。環状列石は縄文時代後期前半の、今かわおよそ四、〇〇〇年前の祭祀跡であると考えられている。県内には大湯環状列石と伊勢堂岱遺跡の二つがある。大湯環状列石では、万座遺跡と野中堂遺跡があり、二つの遺跡は相互に関連しあって、有機的な一対の遺跡である。内外二重の同心円状の配石と日時計組石の関係は、配石の中心と日時計形組石は夏至の日の出、日没方位角に一直線に並んでいる。万座遺跡で九基、野中堂で五基の配石遺構下の土ごう方位は、夏至と冬至の日の出、日没の方位の範囲内に分布している。伊勢堂岱遺跡でも同様のことが確認されている。四つの環状列石からやや離れた日時計形組石が数個ある。伊勢この日時計形組石の中心から配石遺構をみると、夏至の太陽が沈む方向にほぼ一致している。能代市の柏子所貝塚は、縄文時代晩期前半の遺跡である。この遺跡から八体の人骨が発見された。この八体の人骨の頭位は、万座遺跡や伊勢堂岱遺跡と同様に、一体を除く七体が夏至と冬至の方向範囲内に向いている。西枕＝西北頭位を示している。

これらの遺跡は、一時期に構築されたものではなく、この地域に住んで人びとが長い期間をかけて、祭祀や墓域としてつくりあげた。縄文人は、このころすでに天体の星や太陽、月の動きと、その周期性を十分理解していた。自分たちの生活の中にカレンダーを見つけだし、生活の中に取りいれた。日没の光景に、人間の死を見つめていた。縄文文化の神々に対する祈りの祭祀や死生感などの精神文化をうかがい知ることができる。このように、縄文文化は自然と一体となって共存し、階級のない平等で豊かな精神的な連帯を持って助け合い、穏やかな社会で生活を営んでいた。縄文文化は、基本的に旧石器時代の行動範囲を踏襲するかたちで継承されていった。

この、縄文時代前期から続くの県北と県南の縄文文化の違いが、三倉鼻―高岳山―森山が連なる北緯四〇度のラインを境界として、その後の政治支配体制や社会文化、自然環境や生態系など、その地域差に大きな意味を持つこととなる。

厳しい気候環境・弥生時代

日本列島で水田稲作がはじまった、およそ紀元前四世紀〜紀元前五世紀ころから、前方後円墳が出現する三世紀後半までの期間の六〇〇年から七〇〇年間を弥生時代、その時代の文化を弥生文化、土器を弥生式土器としている。弥生時代は、早期（紀元前四・五世紀〜紀元前三世紀）、前期（紀元前三世紀

～紀元前二世紀）、中期（紀元前二世紀～紀元後一世紀）、後期（二世紀～三世紀）の四期に分類されている。

水田稲作のほか、数かずの新規の文化的要素は、その起源を縄文時代に求めることはできない。考古学では、弥生文化は縄文文化を払拭して成立していること、稲作文化が当初から体系だった技術をもっている内容。文化人類学では、縄文・弥生人骨と朝鮮半島の人骨との比較、現代人のDNAなどから、朝鮮半島を経由したことが想定される、としている。これらのことから、朝鮮半島から渡来説が有力視される。弥生式土器は、縄文土器にくらべて遙かに薄く、高度に発達した技術をもって制作された。土器の特徴は、器面を調整する際にハケを使用。ハケで器面を調整後、縄文を口縁部や胴部に施している。縄文の下にハケ目の跡が認められ、このハケ目の調整方法は縄文時代にはなかった技術。

弥生時代は、金属が使われはじめ、本格的な布も登場する。集落は、壕や土塁で囲んでいることが多い。青銅器や石剣、石鍬なども出現し、土地と水、蓄積された富の収奪をめぐって、本格的な戦闘がはじまり、階層社会が成立した時代でもある。稲作をはじめておよそ三〇〇年、倭人は朝鮮や中国王朝との交流を積極的にはじめている。「漢委奴国王」金印はその証拠。青銅武具、鏡などを入手、倭人社会の最高権威品として集団や首長の権威を高めた。弥生時代は、外交を内政に反映させるための政治体制が本格的にはじまった時代でもあった。

縄文遺跡の遺物包含層は、二メートルから三メートルの厚さの中に埋蔵されている。およそ、一〇、〇〇〇年の長い期間の営みの痕跡で層状に構成されている。それに対して、弥生時代は六〇〇年から七〇〇年の期間で短く、遺跡の包含層は貧弱である。西日本から稲作をともなう弥生文化は、日本海ルートで伝搬し、数一〇〇年間で北上している。青森県弘前市の砂沢遺跡は縄文時代前期の遺跡であり、田舎館村の垂柳遺跡からは水田跡が発見されている。
秋田県内での弥生時代の遺跡は、日本海沿岸と雄物川、子吉川、米代川沿いに分布している。横長根遺跡、志藤沢遺跡、三十刈遺跡は、ほぼ北緯四〇度に位置している。それより北部は南部に比べて極端に少ない分布となっている。昭和三二（一九五七）年、男鹿市若美町の志藤沢遺跡で籾痕のついた土器が発見された。また、対岸の南秋田郡井川町の荒間遺跡でも同様の土器が発見され秋田県では二番目に稲作農耕を裏付ける史料となった。

八郎潟周辺に稲作が発達した背景には、湿地帯に適した水稲栽培という土地柄にあった。県北地方にも弥生文化が伝搬してはいたが、定着はしなかった。稲はもともと熱帯・亜熱帯のもが原産であり、低温の北東北地方には適していない。天候不順や冷害など、連年の不作で翌年の種籾の確保もままならないこともあったろう。当時、不安定な稲作よりも、鮭、鱒や栃、栗、胡桃など堅果類が豊富であったため、狩猟、採取、漁撈などの縄文文化の生活様式が、より適していたため継続された。この時期を北東北地域は「続縄文」と呼ばれる。続縄文文化は、土器様式の特徴の類似性などから北東北から北海道域を含む地域とされている。

このように、弥生文化は、縄文文化で暮らしている人びとのなかへ、日本列島を驚異的な速度で北上し、津軽平野まで水稲稲作が伝搬した。その北上速度は、日本海の存在が大きく寄与している。しかし、北東北では定着しなかった。縄文文化と弥生文化が入り交じった斑状で北上したため、組織的な定着、生業や社会生活に変化をもたらすほど変革になっていない。縄文文化の人びとは、主に山へ、水田稲作をする人びとは里で暮らすようになった。

その分布密度から、秋田県内で、弥生文化の濃密に直接的な接触した地域は、おおむね北緯四〇度が北限といえそうだ。

ヤマト文化の北進・古墳時代

前方後円墳など、墳墓が日本列島内の広い地域に築造が認められる時期を古墳時代としている。弥生時代以来、稲作農耕の発達を基礎に生産物の流通が発達し、富の蓄積が集団内、集団間で格差が広がっていった。社会秩序を築くため、国家的な諸制度の形成が必要となった時代でもある。畿内ヤマト政権の勢力拡大である。古墳は、その地域族長や有力者など、特定の権力を持った個人を埋葬する施設の墳墓。弥生時代の古墳の伝統を統合、再編するかたちで三世紀後半ころに前方後円墳が成立する。前方後円墳をはじめとする古墳は、内部構造など大きな変化をしながら、三〇〇年以上にわたって築造される。六世紀末から七世紀初頭には、各地で一斉に築造が終わっている。

古墳時代は、前期、中期、後期の三期に分類される。前期古墳は、自然丘陵地を利用した前方部が未発達の墳丘と割竹形木棺の竪穴式石室が特徴。中期は、平野部に周濠をもち大前方後円墳を築き長方形石棺が特徴。後期は、前方部が著しく発達した前方後円墳で横穴式石室が特徴である。

古墳時代の社会は、著しい階層差と地域間格差が生じて、階層分化が進んでいく。畿内を中心とするヤマト政権の圧倒的な権力の優位性と、地方においては共同体的な伝統も色濃く残されながら、初期国家が成立したとみなすことができる。このように、古墳の築造は、当時における支配者の権力がかなり強大であったことを物語っている。それは、政治支配体制が確立されており、宗教的意味合いばかりでなく、その支配者の権威を象徴する墳墓としての側面を示すものであった。古墳文化は、七世紀初頭には古墳の築造規模も「葬例令」によって規制が加わった。仏教文化の成立と発展により、次第に衰退し、古墳は中心的な建造物の座を寺院などに譲った。八世紀になると火葬も行われるようになり。古墳から寺院への転換にも日本文化の注目すべき移り変わりが反映されている。

東北地方の北部には、弥生時代に続く高塚で大規模な前方後円墳は存在していない。この時期は、弥生時代から古墳時代までを「続縄文文化」と呼ばれる生業形態であった。北の文化と南の文化が接触する地域でもあった。

前方後円墳で、本州最北に位置する遺跡は、角塚古墳（岩手県奥州市）で、六世紀前半の造営とされ、古墳時代後期のものである。この時代、畿内ではもう前方後円墳は築造されていなかった。東北地方では六世紀から九世紀にかけて比較的長い期間造営された。横穴式古墳群は、山畑横穴古墳群（宮城県大崎市）で確認されている。日本海沿岸で最北の前方後円墳は、城の山古墳（新潟県胎内市）が平成二六（二〇一四）年に確認された。前期古墳で直径三九メートルの円墳の全長六二メートルの規模である。日本海沿岸で最北の古墳群は、岩野山古墳群（南秋田郡五城目町）である。八世紀から九世紀の奈良時代から平安時代にかけての遺跡で、土壙などが確認されている。一方、我が国で最北の古墳は、江別古墳群（北海道江別市）。八世紀から九世紀の奈良時代から平安時代の遺跡で、北海道における擦文文化の影響下のものである。

男鹿市脇本の埋没家屋の遺跡がある。「小谷地遺跡」である。この遺跡は、八郎潟の西岸に近接し、弥生時代の同市横長根遺跡に近接している。五世紀ころの古墳時代の生活状況を知る貴重な遺跡とされている。竪穴式住居は、柱材や桁材、屋根板材などの建築遺材の下から、弥生式土器と土師器などが出土している。

秋田県内では、小規模な古墳および古墳にともなう遺物を出土した遺跡が確認されている。遺跡は、横穴式石室の影響を受けて、土壙墓を築く古いタイプの群集墓して築造されている。花輪盆地では、枯草沢、室田、三光塚。申ケ野、石野遺跡がある。枯草沢古墳は、蝦夷・俘囚の族長がヤマト民族に接触して、熟化したもので、平安時代前期のものとされている。三光塚古墳は、秋田県内で唯一墳丘が現存する円墳で、直径一〇メートルの奈良時代から平安時代のものとされている。花輪盆地は、当時、陸奥国域内にあり、陸奥国経由と考えられる。米代川の中流部から下流部にかけては、古墳および古墳にともなう遺物は全く確認されていない。古墳は岩手県側からの影響を受けたことを物語っている。

岩野山古墳群は、岩野山（標高三六メートル）の西側に張りだした舌状台地の西端に造営されている。古墳群は二地区に分かれ、およそ一〇〇年間にわたって築造が続けられている。副葬品が少ない地区は、一二基の長方形などの土壙、溝状遺構などが確認されたが、副葬品が極めて少ない。このため、八世紀中ころ以前のものと考えられている。もう一方の地区の遺構は六基で、組み合わせ式木棺の痕跡が認められ副葬品も多数出土している。副葬品は、毛抜形太刀などの武具、鉄製轡などの馬具、勾玉などの装身具、須恵器や土師器などである。これらの遺構や副葬品から被葬者は、律令体制と直接関係ある官人のものであると考えられている。

岩野山古墳群の西側約二・五キロメートル離れたところに石崎遺跡がある。発掘調査によって直径七〇センチメートルの太柱と、それらをとりまく五本の柱跡、四〇〇メートルから六〇〇メートルの規模の柵列跡などの遺構が明らかになった。石崎遺跡は、創建期の秋田城跡、秋田郡衙跡、平安時代の城柵跡など諸説あるが、岩野山古墳群との関連があるとされている。

県内日本海側で一番北側の古墳が岩野山古墳群であり、畿内ヤマトの古墳文化が北緯四〇度まで及んでおり、その北側では古墳や古墳に関連する遺物は確認されていない。

律令国家の浸透と北の抵抗・出羽秋田の内乱

奈良・飛鳥時代を代表する考古学的な指標は寺院と都城の遺跡である。崇峻元（五八八）年に造営が開始された飛鳥寺、持統五（六九一）年に建設がはじめられた藤原京は、我が国最初の寺院や都城として、重要な意義を持つ遺跡である。六世紀末の寺院と七世紀末の都城の出現期間はおよそ一〇〇年の開きがある。その間、政治、経済、文化などの各分野で、古墳時代から順次移行していった。寺院と都城の出現は、我が国固有の成立ではなく、中国大陸や朝鮮半島の強い影響を受けた。飛鳥寺は、百済から渡来した技術者が指導した。藤原京は、その祖型が中国の北魏落陽城や唐長安城に求めている。

日本の国家が成立したのは、律令国家をもって七世紀後半とされる。律（刑法）と令（行政法など）という統治に必要な基本法典を定め、中央集権的な政治体制を確立した古代の国家体制である。土地や耕作地の貸借を保証する一方で、租・庸・調の租税を課した。その支配を地方にまで徹底させる体制として、地方統治が必要。その拠点になったのが、国府や郡衙で、中央政府から派遣された国司や地方の有力者が選ばれた。

東北地方にも、中央政権の勢力が北進してきた。歴史上、秋田の地名が登場するのは、『日本書紀』の斉明天皇四（六五八）年四月の条である。越国守・阿倍比羅夫が一八〇艘の船団を率いて日本海を北上する。齶田（秋田）、渟代（能代）、津軽まで遠征。齶田浦で比羅夫の前に「恩荷」が現れて、官軍と戦う意思がない旨伝え、のちに冠位が授けられた。恩荷は、現地民の蝦夷の族長の代表者であり、男鹿の地名は、この名前に由来している、とされる。

秋田現地民の豪族である恩荷は、弓矢を携帯していたが、肉食用の狩猟道具で、戦う武器ではなく、齶田浦神にかて誓うものである、旨を申しでて受け入れられる。神に誓う信仰の精神は、ヤマト人も蝦夷人も基本的に同じ文化であることは注目される。すでに三世紀ころから八郎潟の湖畔には稲作は伝わっていたが、気候条件などから定着して普及しなかった。生業の様式が稲作農耕だけではなく、縄文文化が色濃く残る狩猟・採取・漁撈であったのは、興味ある事実である。

和銅元（七〇八）年に越国が出羽郡をたて、和銅五（七一二）年に越国出羽郡となっていた荘内地方と陸奥国置賜・最上二郡を割いて出羽国を建置した。その二一年後の天平五（七三三）年に出羽柵を荘内から秋田の高清水岡に移した。出羽柵が秋田城と呼ばれるようになったのは、文献上、天平宝字四（七六〇）年である。秋田城は、昭和四七（一九七二）年から発掘調査が行われている。秋田城跡は、標高四〇メートル前後の高清水丘陵の自然地形を利用して外郭と内郭から構成されている。外郭を区画する築地は、五五〇メートルほどの長方形で、基底幅が二・五メートル、高さ二・二メートル程度の土塀で、その上に瓦葺きの屋根がのる。築地全体の高さは四メートルを超している。内郭は、東西九四メートル、南北七七メートルで基底幅一・二メートルの築地で囲まれている。その中に正殿や主要建築物の遺構が確認されている。出土品は、大量の土師器、須恵器、瓦、鉄器、木簡、漆紙文書など。このような遺構、出土品などから秋田城下においては、律令体制に組みこまれていたことを示している。前出の、石崎遺跡や岩野山古墳群は、律令体制がこの圏域まで及んでいた地域の北限地域としての遺構である。

この時代、自然災害や天候不順が頻発していた。天長七（八三〇）年、出羽国で地震があり、秋田城は大きな被害を受けた。城郭は一瞬のうちに崩壊し、死者一五名、添川（旭川）や覇別川（太平川）の河岸決壊で秋田河（雄物川）に土砂が流出して、川底の水流が細くなるほどの土石流と大洪水。承和八（八四一）年、同一三（八四六）年の冷害、嘉祥三（八五〇）年の大地震など、人びとの生活を苦しめていた。

元慶元（八七七）年にも不作があり、苛政があるなど、社会情勢が不安定のなか、明確な意思をもって中央政府から独立する動きがあった。「元慶の乱」である。秋田城司良岑近の税のとりたてが厳しく、地元土着民が連合して蜂起した。元慶二（八七八）年三月一五日である。秋田城ならびに郡院屋舎城辺の民家が焼失し、勢力は強まり、城北部南公私舎はみな焼けつくされ、殺害された者、捕虜になった者数しれず、と記録されている。四月には、秋田河（雄物川）から北の地域が独立を要求した。国軍の側について応援した地域は、添川（旭川流域）、覇別（太平川流域）、助川（岩見川流域）の三村である。一方、反抗した勢力は、秋田郡の高清水郷、方上郷、率浦郷に属していた焼岡（金足）、方上（昭和・天王）、脇本（脇本）、堤（井川・飯田川）、大河（大川）、姉刀（五城目）、三倉鼻—高岡山—森山の線から北側の郡郷制に入っていない河北（山本・琴丘・能代の南部）、方口（八竜）、野代（能代）、榲淵（鷹巣・阿仁）、火内（大館・比内）、上津野（鹿角）の一二村であった。幣政を改め、生活の安定化、降伏する賊には温情で迎えるなど、政治的な解決をはかり一二月には乱は終結した。

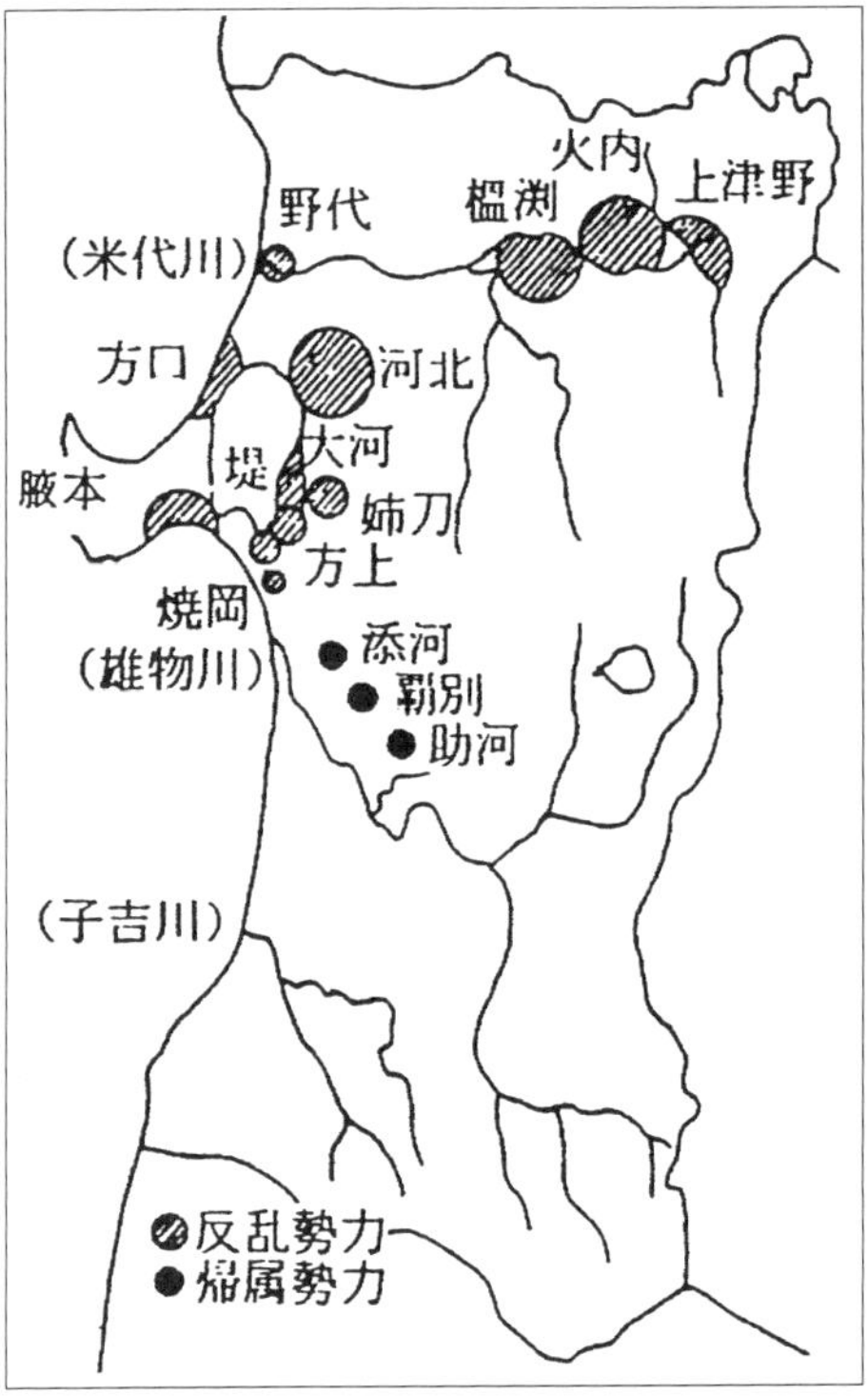

元慶の乱勢力図（改訂版『秋田の歴史』より）

元慶の乱が終わっても、政情は決して安定はしなかった。稲作の生産量が凶作になるなど、生活は困窮を極め、平穏な基盤は根底から崩れ、辺境の地で兵変の危機はつきまとっていた。地震・疫病・飢餓など社会不安が多発した。元慶八（八八四）年、仁和元（八八五）年、寛平九（八九七）年、延喜三（九〇三）年、天変地異があり、緊急の変時が起こっている。これらが、明確になってあらわれたのが、「天慶の乱」である。天慶二（九三九）年四月、出羽国から、凶賊乱逆して秋田城軍と合戦に及んだ、というのであった。「元慶の乱」の小型版であった。

このように、秋田城は、律令国家体制の中で、さまざまな経緯はあったにしろ、当地域の政治文化の中心であり、北辺における要衝地としての機能は維持されていた。

この時代以降にも、「元慶の乱」、「天慶の乱」にみられるように、律令国家体制の確たる出先機関の支配領域は、北緯四〇度ラインが一つの境界になって在地勢力は維持されていった。秋田城の置かれていた秋田地方は、軍事力を持ち、北羽のみならず、古代日本において、然るべく国家機能を有し、地方出先の行政機関としても担っていた。

平安時代後期、東北地方は、出羽国の俘囚の長である清原氏、陸奥国では阿倍氏という、半ば独立状態となって二大勢力をはっていた。この二大勢力の激突が「前九年の役」である。阿倍氏の領主阿倍頼良が、領域の衣川の境界から南下したため、陸奥守兼鎮守府将軍源頼義（陸奥の国府は多賀城）の懇願を受け、出羽国の清原武則、その子武貞は、康平五（一〇六二）年秋、一〇、〇〇〇の大軍を挙兵した。北上川流域を北上し、小松柵（一関市）、厨川柵（盛岡市）を攻略し、阿倍氏を滅ぼした。阿倍一族の中で幼少の男児を連れ子にした頼時の娘は生き残り、清原武則の後継者の武貞の後妻となった。武貞の後妻は、敗者・頼時の重鎮、藤原経清である。この男児こそ、後に奥州平泉藤原氏三代、一〇〇年の礎を築いた藤原清衡である。

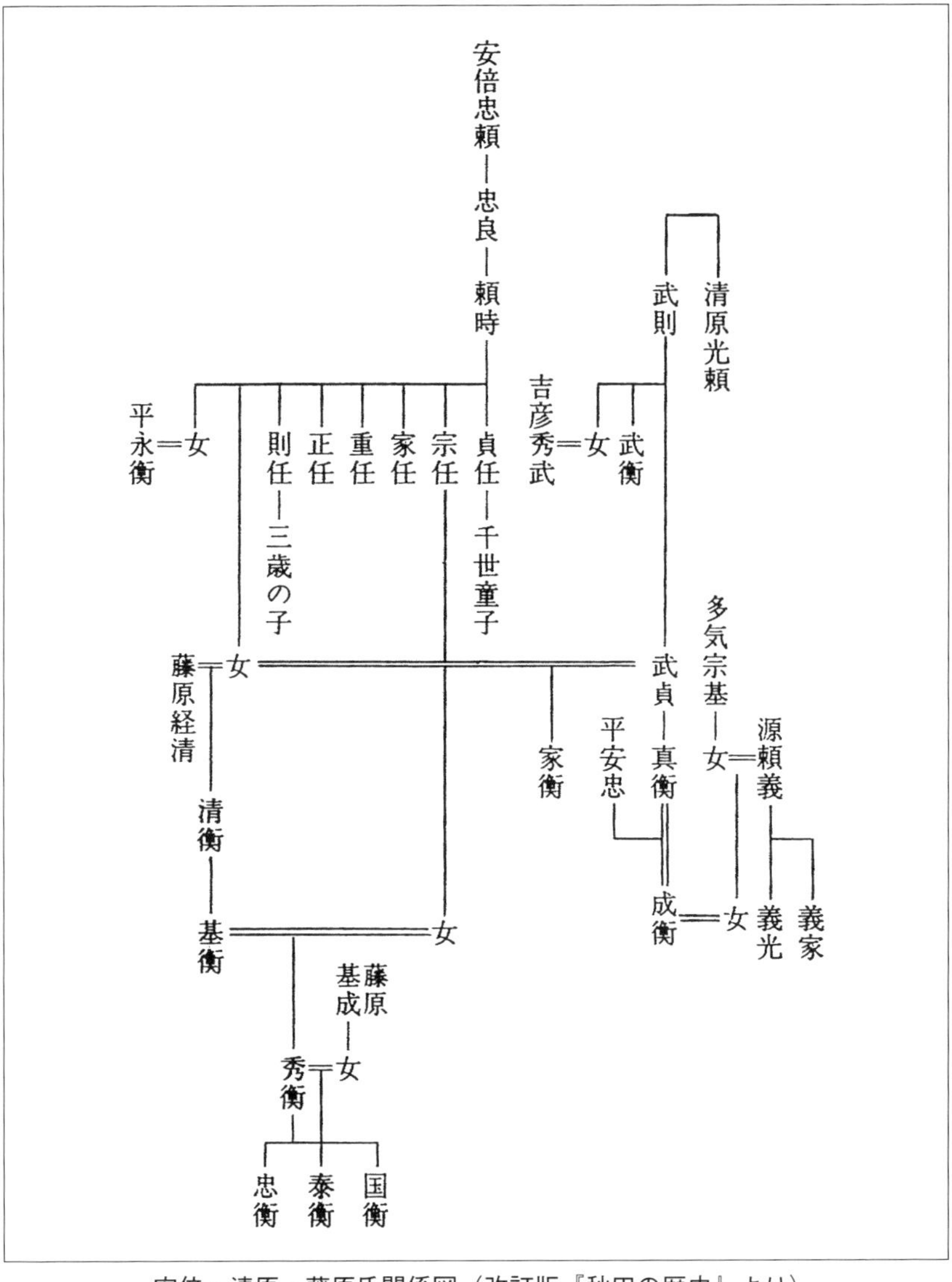

安倍・清原・藤原氏関係図（改訂版『秋田の歴史』より）

この論功で清原武則は鎮守府将軍に就任、陸奥六郡をも支配することとなった。以後、清原氏は奥州一円に勢力をはる大豪族となる。武貞には三人の子どもがいた。嫡男で当主の真衡、阿倍氏の血筋をもった継母連れ子である清衡，継母との子である家衡。永保三（一〇八三）年、清原氏三兄弟の内紛が勃発する。「後三年の役」である。この内紛は、真衡の傲慢さが要因で、陸奥守源義家の策略もあって、清衡と家衡の二弟が攻勢にでた。真衡は陣中で頓死。内紛の軍門に降った二弟に対して義家は、陸奥六郡を二分して与えた。清衡は、南部の穀倉地帯である三郡の胆沢・江刺・和賀を、家衡は北の三郡の稗貫・紫波・岩手である。家衡は不満で、二人は戦闘状態となり、義家は清衡に加勢したことによって、家衡は出羽の本拠地である沼柵に陣をとり、最後には金沢柵に移り、寛治（一〇八七）元年一一月、家衡は命を落とし終結した。足かけ五年に及ぶ戦乱で、のちに「後三年の役」と呼ばれている。

平安時代後期、出羽国秋田での大乱であった。秋田出自の清原氏が一方の阿倍氏・藤原氏の血筋をひく清原氏との同族戦いで、秋田清原氏が滅ぼされた出来事である。その後、奥州平泉藤原氏三代、清衡―基衡―秀衡と続き、泰衡の代になって、源頼朝の軍によって藤原氏は滅亡することとなる。

最後の抵抗・出羽秋田の古代終焉

平氏が壇ノ浦で滅亡した文治元（一一八五）年ころから、源頼朝は源義経と不和になる。義経は行き場を求めて奥州平泉藤原氏の三代秀衡のもとへ逃避し、保護された。秀衡の死後、四代泰衡の代になって、義経の身柄を差しだすよう頼朝の要求に抗しきれず、義経は秀衡に殺害される。これを契機に、頼朝は平泉攻撃を開始する。文治五（一一八九）年、太平洋側からと日本海側の二つのルートで北進した。のちに「奥州合戦」と呼ばれる。この合戦で、従軍した関東武士団には、論功として、秋田郡の地頭として橘公業が入部している。泰衡は渡島（北海道）を目指すが、途中、火内郡贄柵（大館市）に立ち寄り、河田次郎に殺される。河田次郎は、その首を頼朝に差しだすが、武士道精神に反するとの理由で、その場で斬首される。泰衡は三五歳で、当主となって二年足らずで最後をむかえた。源頼朝の東北支配の宿願を達成するための時期に重なった宿命であった。

奥州合戦が終結し、源頼朝が東北地方の経営に本格的に着手するころ、最後まで抵抗を試みた武将が大河兼任である。大河兼任は、現在の南秋田郡北部から山本郡地方に勢力を占めていた有力な地方豪族。火内の河田次郎と同様に、在地勢力として、米代川流域の開発領主的に成長してきたのと同様に、八郎潟沿岸、湖東部の領地開発を進めていた。

湖東部の南秋田郡と山本郡の郡境に位置する鯉川の標高三〇メートル～六〇メートルの丘陵地に発見された「堂ノ下遺跡」では、中世の製鉄跡等からも、湖東部の開発の充実度が明らかになっている。平成一〇（一九九八）年の発掘調査で確認された遺構・遺物は、製鉄炉二基と製鉄炉から排出された鉄滓を廃棄した鉱滓場二ケ所など。また、斜面上にトンネルの横穴の地下式炭窯一三基、平地式炭窯一六基など検出されている。この付近には広範囲に砂鉄層の分布することも確認されている。製鉄炉や炭窯跡の存在から、大量の炭が生産され、製鉄炉で鉄塊を生産する巨大で一貫した生産作業場であったことを物語っている。木炭の科学的年代測定から一、二〇〇年代であった。このような大規模な施設は、突然開発されるものではなく、それ以前から開発できる環境や諸条件がそろっているからこそ、できた施設であった。

奥州合戦の際は、大河兼任は源頼朝に抵抗することはなかった。このため、従来の勢力は保護された。奥州合戦が終結した三ケ月後の文治五（一一八九）年、八郎潟東岸に拠点をもつ大河兼任が源頼朝に対して反乱を起こした。「君主の仇を討つというはじめてのことをやる」との決意で挙兵した。平泉藤原氏への主君への武士道としての恩義と、関東武士団が北羽を支配する武家政治への不満からではなかったのか、真偽のほどは定かではない。在地領主としての誇りと、奥州藤原氏の陸奥・出羽の武力によらない平和な世を守るために、やむにやまれぬ最後の反抗であったのだろう。

大河兼任は次子で、弟に新田三郎と二藤次忠秀が、嫡子鶴太郎と次子於畿内次郎がいる。大河氏は、兼任の父祖の代から、かなり広い所領を支配ていた。地名を姓にしていたことから、兄弟といえども互いに独立した武士団であり、二人の弟は御家人ではあったが、平泉藤原泰衡配下には入っていなかった。兼任が反乱を起こした時、息子二人は反乱に加わっているが、弟二人は反兼任の側にたっている。御家人は、土地の支配を認められていることから、頼朝に従順な態度を示す必要があった。兼任にそむき鎌倉に参上している。

反乱時、北羽は律令時代に形成された郡が、雄勝、平鹿、山本、秋田の順に南から北に並び、これらの地域は大きな改編がみられなかった。改編されなかった背景には、荘園分布が宮城・山形両県が北限で、その北側までは及んでいない。この北限が北緯三九度ラインとも呼ばれている。摂関家の影響力が秋田・岩手県まで浸透しなかったのは、出羽国を地形的に分断している鳥海山の存在が大きかった。平安時代末期のころ、出羽国側で成長していた在地領主は、秋田郡に秋田到文、由利郡に由利八郎、田川郡（山形県荘内地方）に田川行文など、郡を基礎に、郡名を姓とする在地領主が成立していた。これは、公領制の機能に拠っていなかったことにほかならない。出羽国では、従前の在地領主として地位が保障された武士団が多く存在していた。それ自体が一個の中小武士団で、郷・村地頭級領主であった。当時の東北地方に普遍的に存在した公的権威を背景とした一般的武士団で、「所領を保有する伴党」である。

奥州合戦で泰衡の命で参戦した田川行文と秋田致文は攻撃軍と交戦し、戦死している。秋田致文の亡きあと、源頼朝の命により、秋田郡の地頭として橘公業が男鹿地方に入部している。郡・郷は、この時代においても依然として、時代をさかのぼること、縄文・弥生時代からの境界は基本的に変わっていない。

『吾妻鏡』によれば、文治五（一一八九）年一二月、大河兼任が率いる伴党と一族郎党の武士団が集結した。その軍勢は七、〇〇〇人で、河北（雄物川の北域）、秋田城を経て、雄物川沿いを南下して国府のある多賀城を目指すことであった。南下直後、八郎潟の湖面を行軍中に融氷により、兵力五、〇〇〇名を失った。その遭難場所は、馬踏川河口付近から西方野村付近と考えられている。雄物川河口部周辺で由利維平を破り、男鹿半島の大社山の居城で勢力をはっていた、鎌倉御家人の新地頭橘（小鹿島）公業を敗走させた。その後、なぜか北に進路をとり、破竹の勢いで津軽にいた鎌倉御家人の宇佐美実政を討ち破った。反転して多賀城に向かった時点で、挙兵は一〇、〇〇〇人に膨れあがり、平泉で兵力を整えて多賀城を目指して南下した。源頼朝が派遣した討伐軍と一迫付近で両軍決戦となる。兼任軍は、強制的に徴集した兵士であったことから、敗北の連続で、最後は、数一〇人の兵力となった。翌文治六（一一九〇）年三月一〇日、陸奥国栗原から出羽山北へ敗走する途中、栗原寺付近で木樵に怪しまれて、斧で撃ち殺され、その生涯を終えた。

大河兼任の乱は、東北地方内乱の最終段階の中央政府への抵抗であった。この兼任の乱が終結して、はじめて鎌倉幕府による武家支配体制が完成した。ここに、日本の古代体制は終焉し、武家政治の封建社会の体制が確立した。大河兼任の乱は大きな意味を持つ出来事であった。

この鎌倉幕府の成立時期について諸説ある。現在、幕府という統治機構をどのように捉えるかによって成立年が異なる。我々の年代は「いいくにつくろう鎌倉幕府」と暗記した一一九二（建久三）年であ

渤海からの来航

年　　代	出　来　事
神亀　４（７２７）年	初めて渤海使が出羽国に来着。この時、将軍以下２４人の使節団であったが、蝦夷の堺に漂着したため１６人が殺害され、高徳ら８人が入京し任務を果たした。（南秋、男鹿あたりに漂着し現地民に殺害された）
天平１１（７２９）年	来朝の渤海使、遣唐使の一員で帰途の際、風浪にあって遭難し、漂流して出羽に着いた。４０人溺死。
天平１８（７４６）年	渤海・鉄利人１，１００人が帰化を求めて来たが、朝廷は出羽国に安置して衣類を支給して返した。（正式の使節ではない）
宝亀　２（７７１）年	渤海使節３２５人が船１７隻で野代湊に来着。常陸国で休養。国書が「例に違いて無礼」なことを責める。
延暦　５（７８６）年	出羽国「渤海国使大使李元泰己６５人、船１隻に乗って部下に漂着し蝦夷の略を被りたるもの１２人、見（現）に存するもの４１人」と報告。１２人が蝦夷に襲われ、４１人生存。
延暦１４（７９５）年	出羽国から「渤海国使呂定琳ら６８人、蝦地志理波村に漂着、困て劫略せられ人物散亡す」。多数が蝦夷に襲われ行方知れずとなる。

る。源頼朝が征夷大将軍に任じられた年。この官職をもって朝廷から武家の支配権が認められた。一一八五（文治元）年説もある。源頼朝が守護・地頭を配置する勅許を得た年で、武家による実質的な支配権が確立した。さらに、一一八三（寿永二）年説。朝廷が源頼朝による東海道・東山道の実行支配を認める宣旨をだした年。今のところ、学説は定かではないが、一一八五年説の守護・地頭の配置を画期と捉える傾向にある。

海外との交流

日本海は、古くからアジア大陸との交流や国内の交易路など、海の道であった。大陸からは、北回り航路でマリン海流の流れにのれば、サハリンから北海道を南下し、秋田沿岸に漂着する。この航路は、古くから北海道と沿海州方面を結ぶルートとして知られていた。近年、日本海の海域で違法操業する北朝鮮の漁船団が難破して秋田沿岸に漂着することは、海の道の証しでもある。

阿倍比羅夫が日本海を北上して、蝦夷を勢力下におこうと最初に北航したのが斉明天皇四（六五八）年。当時、日本古代国家が朝鮮半島の新羅・百済が争う国際的不安により、有時の際に備えて海上の軍事力強化の必要性が背景にあった。さらに、北方交易の権益確保や蝦夷地海路の確立の必要性もあった。

新羅により、朝鮮半島の大半が統一された。その直後、高句麗遺民や靺鞨人が中心となって、中国東北部を中心に建国されたのが渤海である。文武二（六九八）年のことであった。渤海は、唐や新羅に対抗するため、日本に外交使節を送り、蝦夷地や出羽の秋田沖に漂着した。

当時、陸奥国や出羽国は蝦夷の支配領域であった。ヤマト政権が北方地方を組みこむため、最前線基地として養老六（七二二）年、多賀城に国府をおいた。その後、さらに秋田城まで北進したのが天平五（七三三）年と一一年で進出している。海外との政治情勢に敏感な地域であったことによる。多賀城の石碑には、「神亀元年歳次甲子、按察使兼鎮守将軍従四位上勲四等大野朝臣東人の置く所なり」と創建時の記録が刻まれ、多賀城が東山道の駅路として接続された。石碑には多賀城の位置として、京や常陸、下野、蝦夷などの国境からの距離とともに「去靺鞨國界三千里」とある。靺鞨國は渤海で、アジア大陸との交流も重視した進出であった。

秋田城跡の発掘調査により、大陸系の鉄製鍔釜が出土している。さらに、当時としては珍しい水洗トイレ跡が出土した。ここで、豚を中間宿主とする有鉤条虫の卵が検出された。当時の日本では豚を食用とする習慣はない。豚を常食とする渤海人がこのトイレを使用した可能性が指摘されている。秋田城は、アジア大陸との北の玄関口、迎賓館の役目を果たしていたのかもしれない。八世紀には活発に渤海使節が出羽国、野代湊を目指して来航したことが記録されている。

渤海人が略奪や惨殺されても、なお出羽国を目指して来航するのは、この航路が対岸の沿海州から最も安全で確実な自然な海路であったことを物語っている。

阿仁銅山の長崎廻銅

最後に、当地域での国際貢献について触れておきたい。秋田県は古くから我が国第一位の鉱業県であり、近年（一九八〇年代）でも鉱山数、生産量で他県を圧倒していた。その歴史は、我が国最古、最大の銅山である尾去沢鉱山の和銅元（七〇八）年に発見がはじまりとされる。史実に残るのは一五世紀以降。佐竹氏の入部前は、金山が大葛・早口、銀山が湯口内・藤琴など金銀鉱山が開発された。鉱業発展期は、一六世紀後半の佐竹氏が入部する前後に入ってからで、農林業とともに藩財政や経済を支える基幹産業であった。

佐竹氏は、常陸国（茨城県）の時代の鉱山開発の経験があり、積極的に豊富な鉱山資源の開発を推進した。尾去沢、白根、院内、阿仁、増田、田子内などの金銀銅山として盛況をみせていた。尾去沢と阿仁が別子（愛媛県）とともに我が国の三大銅山といわれたのは一八世紀。また、院内銀山のように一九世紀前半に最盛期に達し、二〇世紀初頭には鉱脈の枯渇により命脈の尽きた名山も少なくない。

秋田藩初期の代表的は鉱山が院内銀山であるのに対し、中期以降は阿仁銅山であった。阿仁鉱山の初期の開発時期は諸説ある。延慶二（一三〇九）年、金山として開発された。天正三（一五七三）年あるいは慶長五（一六〇〇）年に湯口内で砂金を採取しており、佐竹氏が秋田に移封以後に盛んに採掘されている。

阿仁銅山の本格的な開発は、寛文一〇（一六七〇）年から。大阪町人北国屋手代・高岡八右衛門が銅山を開業してから、たてつづけて発見された阿仁六ケ村を開坑している。当初は請山扱いで、経営者である北国屋が紀州の熊野銅山から大掘大工、掘子などの関係者を移住させ、稼業に取り組んだ。その後、元禄一五（一七〇二）年に秋田藩の直営となり、惣山奉行を廃止し、木山方と金山方に分離した。鉱山担当の金山方には支配人・手代・御廻銅役などを配し、経営の要所を掌握できる体制を整えた。宝永五（一七〇八）年には三六〇万斤（一斤＝一六〇匁＝六〇〇グラム）と飛躍的な産出量となり、享保一七（一七三二）年には、産銅量日本一の記録を残している。正徳年間（一七一一〜一五）から衰えはじめ、藩直営の直山から請山に転換した。このころ、南部藩の尾去沢銅山は直山としているのとは対照的である。しかし、明和四（一七六七）年に直山に戻しているが、その後は下降線をたどることになる。同銅山の活性化を図るため、安永二（一七七三）年には、平鹿源内、吉田利兵衛が藩の招きにより来藩し、「銀絞法」を伝授している。この技法は加護山（能代市二ツ井町）の銀絞りの先駆けとなった技術であった。

このように、阿仁銅山は繁栄衰退の時期はあったものの、秋田藩および幕府の貴重な財政源であり、大きな期待が寄せられていた。それが阿仁産出の幕府御用銅である「長崎廻銅」であった。

正徳五（一七一五）年、幕府は新井白石の建策による『海船互市新令』によって、長崎における海外貿易制限をおこなった。この新令は、元禄時代以降（一六八八年〜）から続いていた慢性的なインフレの進行と幕府の放漫財政政策を矯正することにあった。勘定吟味役の再配置とともに、その打開策の一環としてだされた政策。その意図は、物価高騰の一因である長崎貿易を制限し、元禄以前の良質な品位の貨幣鋳造を維持し、金・銀の海外流出をくい止めるものであった。

この新令は、銅の輸出高についても「一年之定数四百五十万斤迄之間を以、其限とすべき事」として制限を加えている。注目すべきは貿易の決算方法である。新令では、清とオランダ貿易船の長崎入港艘数と貿易高について、清（唐）船三〇艘・銀高六、〇〇〇貫匁、オランダ船二艘・銀高三、〇〇〇貫匁に制限する。決済の仕方については、清が銅三〇〇万斤、オランダが銅一五〇万斤に制限し、輸入品代銀の二分の一は銅で支払い、俵物、陶器、工芸品の輸出を奨励するものであった。

こうして幕府は、海外貿易は銅による決済を大幅に取りいれ、貿易額の縮小と同時に決済面でも金・銀の流出を防止した。この新令によって日本の海外貿易の主役たる位置は、金や銀から銅に比重が移っていった。この時期、清やオランダが銅決済に応じたのは、安価で仕入れた日本の銅を金や銀に再精錬できるすぐれた技術を持っていた。

海外貿易での金・銀の代物に銅決済を定着させるため、銅の安定的確保が必要となる。そこで、幕府は、全国主要銅山に生産割当をおこなった。これが長崎・手当山のはじまりで、上納する銅を「公儀御用銅」と呼ばれた。伊予の別子銅山などとともに、この時期すでに秋田銅と通称され全国有数の銅山として注目されていた阿仁銅山も手当山に指定された。初期の割り付け額は史料的に明確でない。享保期(一七一六〜三五年)はほぼ一四〇万斤前後で推移し、寛延三(一七五〇)年以降には御用銅総額の三一〇万斤のうち一六五万斤が割り当てられた。寛延三年以降の数値は御用銅総額の五三・二パーセントに達し、幕府にとって秋田銅は清やオランダとの貿易の重要な財源であった。

しかし、阿仁銅山は秋田藩の直山であり、公儀御用銅の割りつけは藩の財政事情に影響を及ぼした。地売銅を加えた秋田産出銅を藩が集積し、その専売利益によって困窮する藩財政のテコ入れを図るが、銅価格の低迷や経営基盤の脆弱もあって、割り付け額を完納できない状況に陥った。明和期以降(一七六四年〜)の阿仁銅山からの長崎廻銅額は、全国御用銅のおよそ三〇パーセント前後で推移した。それでも、南部領鹿角の尾去沢銅山とあわせると全国の御用銅の六〇パーセントを超えていた。衰えたとはいえ、伊予銅(別子銅山産出銅)とともに秋田銅(阿仁銅山産出銅)は、幕府の長崎貿易を支えていた。

北緯四〇度に位置する阿仁銅山は、今は見る影もないが、藩政時代、日本経済を支え、大きく貢献していたことを記憶にとどめておきたい歴史である。

Ⅵ　北緯四〇度の動植物

北限のお茶「檜山茶」

「檜山茶」は、能代市檜山地区で古くから栽培されている。製茶として商業生産されている日本茶の北限のお茶として知られている。その起源は、藩政時代までさかのぼり、檜山城家臣の内職として奨励したことが栽培のはじまりとされる。

能代市中心部から南東約五キロメートルの檜山地区の南側に霧山がある。この山に檜山城跡があり国指定史跡となっている。檜山城は、戦国時代、出羽国北部一帯で勢力をはった檜山安東氏の居城で、湊城（秋田市土崎）、脇（涌）本城（男鹿市脇本）と並ぶ三大拠点の一つであった。城跡は、一三三ヘクタールにおよぶ広大な山塊の馬蹄形（東西一、五〇〇メートル、南北九〇〇メートル）の尾根全体を天然の要害にした城郭。高所で標高一六五メートル、中心部の本丸は標高一四〇メートルほど、城下との比高は一二五メートルの典型的な山城。江戸時代後期、秋田領内を旅した紀行家の菅江真澄の記録には、檜山城は「霧山の古城」と記述されている。放射冷却現象で霧の発生する時期も多く、軍事的に適地なところでもあった。

築城の歴史は諸説ある。この地を支配していた葛西秀清を安東政季、忠季父子が滅ぼし、安東氏がここに本拠を構えた。政季が築城を開始し、忠季が明応四（一四九五）年に檜山屋形を完成させ、その年代をもって築城の年とされている。以後、尋季、舜季、愛季、実季の五代の居城となった。

天正一七（一五八九）年、安東氏の内紛では、檜山城での籠城戦となって、堅牢な造りから敵を退けた実績をもつ山城。この合戦を制した安東実季は、領地支配に地理的に有利な湊城に本拠地を移した。慶長三（一五九八）年であった。湊城は、日本海の海運、雄物川の舟運など経済活動の中心部として整備した平城である。出羽北部の戦乱も終息して制圧したことから平城を中心に、政治経済の中心地として拡張整備した。

関ケ原合戦後の慶長七（一六〇二）年、秋田氏と姓を改めた安東氏は、常陸国宍戸に転封され、代わって佐竹氏が出羽国に入部した。これにともない檜山城は、佐竹一族の小場義成が城主となる。慶長一五（一六一〇）年、小場義成が大館に移ると多賀谷氏が秋田藩の所預となり、檜山で一〇、〇〇〇石を領する。この時期、多賀谷氏は大規模な城の改築を行った。元和六（一六二〇）年に一国一城令によって廃城となり、城の北下付近に館を構えた。

多賀谷氏の六代目の峰経が享保一五（一七三〇）年、京都の宇治から茶の種を取り寄せ、山城斜面の一画に植え、自家用の茶園として育てたのが檜山茶のはじまりとされている。その後、天保の大飢饉が起こり、天保一〇（一八三九）年に多賀谷氏の家老、石川官太夫が伊勢神宮詣での際、宇治からお茶の種子と製法を伝授され、家臣の内職として奨励されたことから本格的に栽培がはじまったとされている。最盛期には、作付面積が一〇ヘクタール、二〇〇戸で栽培が行われている。

戦後、杉の植え替えなどが進み、茶畑は荒廃の一途をたどる。平成二六（二〇一四）年、檜山茶の栽培農家は梶原茂兎悦（檜山茶保存会代表）の茶園が唯一であったが、現在は二戸が栽培している。梶原代表の姪である梶原啓子さんは、檜山城周辺の山の斜面、一ヘクタールを開墾し茶畑を造成するべく「FAN　AKITA」のクラウドファンドで支援活動を展開し、後世にお茶の歴史を継承すべく活動している。同保存会では、茶葉摘み、手揉み体験や地元菓子店と連携して檜山茶を使った「茶ようかん」も販売している。

平成三〇（二〇一八）年二月、NPO法人能代芸術文化協会主催による第三七回公演「未来へつなぐ北限の茶」が上演された。能代市市民有志による「能代ミュージカル」である。小学一年生から八〇代の市民約一一〇名が出演し、檜山茶の歴史を伝えた。地域ぐるみで北限お茶である「檜山茶」をとおして歴史や文化を見つめ直し、伝統や文化を育む取り組みとして注目される。

秋田民謡で有名な「秋田音頭」の冒頭に、「秋田名物、八森ハタハタ、男鹿でオガブリコ、能代春慶、檜山納豆、大館曲げワッパ」という一節があって、檜山地区は納豆発祥の地とされている。現在、「檜山納豆」として、元祖檜山納豆株式会社が県内各地のスーパーマーケットの食品コーナーで広く店頭販売されている。秋田県内では、納豆発祥の地として、横手市も名乗りをあげている。平安時代後期の後三年合戦で戦った源義家が沼柵に向かう途中、大雪で足止めされた際、農家に大豆を煮させて馬の背に積んだ。数日後に煮豆を入れたわら束が馬の汗で温められ豆が糸を引いて発酵し、納豆になったという、などの発祥説がある。

北限のスズムシ群生地

五城目町のシンボルとして、森山（標高三二五メートル）がある。「モリ」、「モリヤマ」が最も古い呼び名で、命名の由来には諸説ある。杜山、盛飯山、盛医山とも呼ばれた。飯を盛りあげたような山容、市街地の東側郊外からの山容が森の字の形に似ていること、などとされている。お椀の飯を三つ伏せた形で中央が一番高く、第一高地と呼ばれている。次に右側の峰が高くて第二高地で標高二八五メートルで、山頂まで道路が整備され、乗用車で登坂できる。山頂には、東北電気通信局のマイクロウェーブ中継所、携帯電話事業者の電波塔の施設、梵鐘が設置されている。町の原風景の一つでもある。

山頂からの景観は、昭和年代の中期（一九六〇年代ころ）、五城目町中心部の街並みと街道のコントラストは、ゾウの形となっていた。眼下には農村の原風景が浮かびあがる。田園は、田植えの時期は田んぼに張った水が太陽光に反射して鏡のごとく反射する。夏にはみごとな緑、収穫の秋には黄金色のジュウタンが広がる。西側の伸びる森山からの山稜は、高岳山、三倉鼻へと続き、南秋田郡と山本郡の郡境となっている。八郎潟を干拓してできた大潟村の広大な田園の向こうには、寒風山や本山など男鹿三山が連なる。南側には八郎潟の残存湖である八郎湖に注ぐ馬場目川の緩やかな川面が見える。八郎湖は、夕日が沈むころには水面は銀鱗のごとく輝いている。南側は秋田市街地が広がり、その向こうの雲の上には、かすかに出羽富士と呼ばれる鳥海山（標高二二三六メートル）の山頂が認められる。東側の内陸部は山々が連なり、花の百名山で知られる森吉山（標高一四五四メートル）の山頂が顔を出している。森吉山はアスピーテ・トロイドの複式火山で、山頂はカルデラ地形となっている。カルデラは、直径が東西方向が三キロメートル、南北方向が三・五キロメートル。

森山の東側の山麓には、清流が流れ落ちる滝がある。中世のころから修験の霊場として信仰の対象の山であった。この滝壺のところには不動明王が祀られている。地元では「お不動さん」として広く信仰を集めている。また、薬草の採草地で、薬師信仰の霊地でもある。

この森山の南斜面の麓にある小池地区の民有地の一四ヘクタールに生息するスズムシが、昭和三五(一九六〇)年に県天然記念物に指定され、北限の生息地とされた。天然記念物に指定された当時は、コナラやクリ林などの落葉広葉樹が大部分をしめていた。農耕に使われる牛や馬の餌を集積する牧草地として利用され、スズムシにとっては良好な生育環境であった。生息数は約四、〇〇〇匹と推定されていた。農業の近代化や機械化が進んで家畜も必要なくなり、草原地の開墾で畑地に変わり、スギの植林も進み、生息環境が悪化した。

スズムシは、バッタ目コオロギ科の昆虫。鈴をころがしたような「リーンリーン」と澄んだ音で鳴くことで知られている。立てた前羽二枚をこすりあわせて音をだす。目はあまり良くないが、長い触覚でまわりをさぐって行動する。体長は約二センチメートル程度の大きさで、薄黒い体色で、ヒゲ、足、尾などの一部は白い雑食性の昆虫。初夏の六月ころに卵からかえり、草むらで生育し八~九月ころに成虫となり、コオロギとともに秋の地元を代表する昆虫。晩秋の一〇月下旬にはメスは産卵を最後に一生を終える。昭和年代の中ごろには、五〇〇年の歴史を持つ五城目朝市で、採取されたスズムシが露天販売されていた。

スズムシの分布は、北海道を除く九州、四国、本州で生息する。秋田県内では、大仙市田沢湖生保内、湯沢市皆瀬村大湯、五城目町森山の三ケ所で群生地が確認されている。森山は北限のスズムシ群生地として県の天然記念物として指定。スズムシの生育環境の悪化するなかで、繁殖や保護活動が展開されている。町内にはスズムシの愛好者も多い。野生の個体を捕獲して繁殖させたり、群生地に放虫する活動を三〇年間にわたって継続している人もいる。今後、愛好家の町民のみならず、昆虫の専門家や行政が連携し、貴重・希少性の重要性の啓蒙や保護活動の進展が課題とされている。

森山は、八郎潟干拓事業の際、工事用の原石採取のための採石場として、一時期、第一高地の南斜面を掘削した。自然環境や景観の保全、町のシンボルの喪失につながる、との機運が高まり、途中で岩石採取は断念された。六〇年経過した現在、掘削斜面は急崖を除いて緑は復元している。その麓には、広場があり昭和三〇（一九五五）年代まで、学童遠足で利用されるなど、町民の心のふるさと的な存在である。

第二高地山頂からの絶景は、地域観光の目玉資産である。里山登山としての人気も根強い。平成二七（二〇一五）年には、五城目町在住の森山愛好者で「森遊会」を結成し、ハイキングを楽しんでいる。国道七号、二八五号や秋田自動車道のＩＣからのアクセスの利便性の良さなど、近隣からの来訪者も多い。地の利を生かした観光誘客の施策が期待される。

秋田を代表する季節ハタハタ

ハタハタは、秋田県を代表する魚種。かつて、ハタハタは秋田県の海産物の約半分を占め、盛漁年の昭和三五（一九六〇）年代には約二〇、〇〇〇トン前後に達し、全国総漁獲量の過半数を占めていた。アラスカから北海道、北東北に至る太平洋沿岸と、特に北陸地方から山形・秋田沿岸に至る日本海に広く分布している。水深二〇〇メートルの砂泥底で成育し、初冬に産卵のため接岸する。一一月末から一二月初旬、寒冷前線の通過にともなう発雷する時期に産卵群が水深数メートルの藻場に押し寄せる。これらの生態からハタハタは、和名で「鱩」や「鰰」とも書かれる。

産卵場は、男鹿半島の岩礁地帯に集中している。北緯四〇度と、その付近の海岸線である。藻場のホンダワラなどの海藻の茂みにメスの群れが突っ込んで産卵し、同時にオスの群れが卵をめがけて射精する。卵は体内では流動性をもっているが、海水に触れた直後、瞬間的に丸く固まる。海藻の枝に卵塊がゴルフボール大の団子の串刺しのようになり、俗に「ブリコ」と呼ばれている。海水温が摂氏八度の環境下で、産卵後五〇日ごろから約二週間前後でう化する。二年で成魚となるが、産卵群の多くは体長一九～二一センチメートルの三～四歳漁である。産卵回遊の途中、多くは建網によって漁獲され、これが「季節ハタハタ」と呼ばれている。

ハタハタの漁法は、沖合底引き網、小型底引き網、小型定置網（建網）に代表される。一般には産卵時の建網をさしている。現在の建網の漁法は、明治時代（一八六八）初期、新潟県から山形県を経由して、由利本荘市の松ケ崎に伝わった。

ハタハタ業は、史実に基づくだけでも数一〇〇年の歴史がある。藩政時代以前から、刺し網や地引き網。で操業していた記録がある。刺し網の規模は零細であったが、地引き網は、網元、細子一〇人からなり、網元の収入は莫大であった。天保六（一八三五）年には手操り網が男鹿南磯に導入され、三～四人の家族労働でできるようになった。北磯も含めて三〇〇を超す数の記録がある。

天明（一七八〇）年間、ハタハタ漁は、秋田藩主から公認された特定の網主に地引き網漁が許可されていた。飢饉で困窮する村民を救済するため、ハタハタ漁の自由化を求めて立ちあがった人物がいる。より手軽な手操り網による自由操業である。男鹿船川の金川村肝煎であった武兵衛が秋田藩に直訴し、入牢処分する事案の記録がある。藩に対しての要望は、肝煎や長百姓の村役人がなすべきことであり、平民からの直訴は「上をさし越した罪」として厳罰に処せられた。肝煎であろうと、藩の政策にそむく直訴に対しては、藩では厳罰に処す態度で対処した。武兵衛は失意のなか、文政二（一八一九）年に死去した。その後も、金川村の村民は強訴するなど、漁の自由化を求めて粘り強く働きかけ、天保六（一八三五）年に藩は永久自由化とした。

武兵衛の功績を後世に語り継ごうと、式年祭が行われた。令和元（二〇一九）年六月三〇日、没後二〇〇年を記念して、男鹿市船川港の金川八幡神社で行われた。神社の境内には、天保一二（一八四一）年と昭和五二（一九七七）年に建立された二つの顕彰碑がある。式年祭は、この顕彰碑前で、直系子孫など関係者出席のもと神事がとりおこなわれた。

ハタハタ漁は、近年不漁が続いている。ハタハタ資源の三〇年周期説。最盛期には底引き網漁で一網打尽に成魚を捕獲しての資源不足。ホッケやタラ類の増加による稚魚の捕食。異常気象による水温上昇などの環境変化。産卵する藻場環境の変化など、各種要因が考えられている。

ハタハタの資源回復に向け、平成四（一九九二）年九月から三ケ年間、秋田県内の漁業者が禁漁の措置を講じている。不漁によって、三、〇〇〇人を超えていた漁業者は、現在一、〇〇〇人のまで減少し、六〇歳以上の高齢者が大半を占めている。昭和三五（一九六〇）年代後半には、年間二〇、〇〇〇トンの漁獲量が昭和四五（一九七〇）年代後半から減りはじめた。平成二八・二九（二〇一六・一七）年には、漁獲量は一、〇〇〇トンを割り込んだ。平成三一（二〇一九）年の秋田県独自の漁獲枠を設けて、季節ハタハタは今季は二八七トンで漁獲枠の六割にとどまり、県民の大衆魚は高級魚になった。

漁獲量が低迷するハタハタをめぐり、秋田・青森・新潟・山形の四県と各漁業協同組合は動きだした。「北部日本海域ハタハタ資源管理運営協議会」を平成三一（二〇一九）年三月開催し、体長一五センチメートル未満は漁獲しないことを定めて、平成一一（一九九九）年の資源管理協定を更新した。期間は、平成三一（二〇一九）年四月から五ケ年間である。ハタハタの資源増大対策として、成魚の漁獲制限など、各種対策が講じられている。産卵や稚魚の保護育成のための藻場の造成整備、人工採卵の孵化飼育による放流、稚魚の害敵駆除など。

ハタハタは、昔から冬季の保存食として塩づけ、スシ（飯ズシ）、燻製など、季節料理として、しょっつる鍋など、秋田名物の名にふさわしい魚である。食文化の視点からも資源管理は大きな課題となっている。

北限の天然トラフグ産卵地

対馬海流は、東シナ海で日本海流（黒潮）から分かれて日本海に突入し、日本海を北上する。対馬海流は、大陸棚を起源とする流れのため、高水温・高塩分で流れこむ。さらに、中国大陸、朝鮮半島、日本列島から供給される淡水と混じりあう。栄養塩類を豊富に含んだ淡水は、密度が小さいために表層に広がる。この流れは津軽海峡を経てオホーツク海上に流出する。一方、樺太、北海道西岸を南下して日本海に突入するマリン海流は、対馬暖流より低温・低塩分な海水（冷水）が流入する。対馬海流とマリン海流の二つの海流は、男鹿半島沖合西側の北緯四〇度付近の海域で混じり合う。この海域は豊かな生態系が形成されて良好な漁場となっている。

このため、秋田沿岸での魚類は豊富で、水揚げされて市場にでまわる魚介類は一五〇種類以上にものぼる。サクラマス、マダイ、ヒラメ、スズキ、クロダイ、メバル、ハタハタ、ベニズワイガニ、ボタンエビ、トラフグなどに代表される。また最近、男鹿半島の沖合で生息し、珍味として親しまれている「棒アナゴ」の深海魚は、「クロヌタウナギ」ではなく、同じヌタウナギ類の「キタヌタウナギ」であることが魚類研究チームによって判明した。

秋田県でトラフグが本格的に水揚げされるようになったのは、ハタハタの資源回復のため、全面禁漁の平成四（一九九二）年からである。ハタハタ漁の代替漁法として、フグはえ縄漁法が取りいれられたのがはじまり。それ以前までは、春先の定置網漁法で水揚げされてはいた。はえ縄漁法によって飛躍的に漁獲量が増え、秋田県を代表する魚種となり、水揚げ漁は東日本でトップクラスを誇る。

北緯四〇度の男鹿半島の付け根に位置する潟上市天王江俣の沖合に、国内で最北限のトラフグ産卵場がある。男鹿半島沖合で水揚げされたものは、この産卵場にちなんで「北限の天然トラフグ」として知られるようになった。北緯四〇度の冷たく荒々しい日本海で育つため、成長は遅いが、そのぶん身が引き締まり、味も歯ごたえも抜群と市場関係者の評価も高い。その一方で、県内でも広く認知されていない実態もある。さらに、県内で加工できる施設や資格を持った料理人が少ない。このため、水揚げされたトラフグのほとんどが、西日本を中心に出荷されている。最近では、資格を持った料理人も増えており、地元でもフグ食が楽しめるようになった。漁獲量の多い春と秋の年二回、「フグ祭り」が地元飲食店で開催されている。加工施設の整備による付加価値製品への取り組みや、販路拡大を目指して首都圏への活魚出荷なども模索されている。

資源の保護・維持管理を目的に秋田県水産振興センターでは、男鹿半島沖合でとれたトラフグから卵を採取し、ふ化させて種苗放流している。

令和元（二〇一九）年九月に、「第三九回全国豊かな海づくり大会が」秋田県で開催さた。秋田港で天皇皇后両陛下や招待客約五〇〇人が、水産振興センターでふ化され、一〇センチメートルに成長したマダイ五〇〇匹とトラフグ三〇〇匹の県を代表する稚魚が放流される予定であった。両陛下のご都合が合わず、一般参加者によって後日、放流がおこなわれた。

ヤブツバキの自生北限

北限に自生するヤブツバキ群生地の一つとして、男鹿半島南岸の男鹿市椿の能登山が大正一一（一九二二）年九月に国の天然記念物に指定された。冷温帯植物と混在するヤブツバキ自生北限として、学術上貴重な群落とされている。ヤブツバキは、ツバキ科の常緑亜高木植物で、屋久島から青森県まで暖地の山中や海岸沿いに広く分布している。日本海沿岸沿いでは対馬暖流の影響を受けて北上し、断続的に分布する。秋田県内では海岸地域にだけ生育している。ツバキや茶、サザンカなどが仲間である。そのルーツは東南アジアの熱帯・亜熱帯地方で、日本列島はその北限にあたる。能登山は、四七〇平方メートルと小さな丘陵であるが、ここに約五〇〇本のヤブツバキが群生している。樹齢一、〇〇〇年の太いもので幹回り六〇センチメートル前後で、株状になって密生している。樹高は低く、冬の季節風の影響を強く受けている。ヤブツバキは早春から咲きはじめ、全山紅色に映え、その景観は見事。花期は長く続く。ヤブツバキ群生地の林床植物相は貧弱である。群生地林縁には、フジ、コナラ、イタヤカエデ、ヤマザクラなどが雑生している。

ユキツバキは、福井県敦賀以北の日本海側多雪地帯に分布する寒地性の植物。暖地性のヤブツバキとユキツバキが交雑して、さまざまな変異を生みだしている。ユキツバキは本州中部から東北地方に広く分布し、日本海側の多雪地域の山地帯に小林分をつくって散在している。ミズナラ、トチノキ、シナノキなどを交えたスギ林の下層植物として、地表を覆い、密生している。ユキツバキの自生北限は、県内陸部の仙北市田沢湖南岸の岡崎字院内の国有林の柴倉峠付近に分布している。その群落規模は大きく、約六ヘクタールの地域が県の天然記念物に指定されている。分布北限の代表的な群落として、ヤブツバキと同様に植物地理学的に貴重な存在である。

桃洞・佐渡のスギ原生林

天然秋田スギは全国的に有名である。木曽ヒノキ、青森ヒバとともに日本三大美林の一つ。江戸時代から残る樹齢一五〇～二〇〇年ものが天然スギで、人工植栽スギとは区別されている。秋田スギは木材として、藩の特産物として全国的に注目を集め、古くから利用されていた。

秋田県内の天然スギは、一般にブナ帯下部から中部の標高二〇〇～六〇〇メートル付近に自生する。シナノキ、イタヤカエデ、ミズナラなどの紅葉樹と混生して分布しているのが通例。ところが、北緯四〇度ライン付近に鎮座する森吉山（標高一、四五四メートル）の南東丘陵線の北秋田市森吉町桃洞沢と阿仁町打当沢の山地帯上部に、「桃洞スギ原生林」、「佐渡スギ原生林」がある。

この地区の天然スギ林は、ブナ帯の上部の標高八五〇～九五〇メートルの高い標高の地帯に原生状態で群生している。さらに、山地帯上部では、本来ならばブナ帯の稜線上に出現するネズコやキタゴヨウが、スギとともに山腹に面的広がりで発達している。これらの群生がそろって原生状態で独自の生態系が保たれているのは類例がない。この二つのスギ原生林は、各群落の特質や生育環境の比較、スギ林の成立過程の要因や解析など、学術的価値は極めて高い。

現在、この天然秋田スギの生育地は限られている。男鹿半島の新山、大仙市協和町と仙北市角館町に挟まれた出羽山地のブナ樹林帯下部の標高二〇〇～六〇〇メートルの地域、森吉山稜線のブナ樹林帯上部標高に隔離分布している桃洞・佐渡スギ原生林などである。

スギ材は、加工しやすく耐久性にすぐれている。古くは秋田城（秋田市）や払田柵（大仙市）、胡桃舘埋没建物遺跡（北秋田市）などに大量に使用されていた。中世までは、その利用形態は地域的に限られていた。鎌倉、室町時代は、年貢として徴集される程度で、畿内での利用も荘園領主などに限られていた。戦国時代、各大名は農業、手工業や鉱工業の振興政策をはかった。城下町の都市化の進行や人口の集中によって地方からの農産物の移入や木材の需要を増大させた。その背景には、海路・陸路の確立による商品流通や貨幣経済の発達があった。

天正一一（一五八三）年、出羽三山神社（山形県）の一つである羽黒山造営のため、板柾などに加工されたスギ材が野（能）代湊から海路移出された。これが秋田スギが商品的価値をもって交易された最初の記録である。文禄二（一五九三）年、豊臣秀吉の命により、朝鮮出兵用の大安宅船（軍船）一艘分の大板割材を献上した。翌年には、淀船三〇艘分、同四年（一五九五）以降には伏見城作事用板材二〇〇間などの記録がある。

律令時代の基本的税制体制は租庸調であった。中世になって、租は年貢に、庸調は公事や雑用などの夫役にそれぞれ変わっていった。伐採などの労働力は、基本的に地元農民の強制的な動員による夫役によって行われた。冬季間に伐採のために根切りを行い、丸太の切断はノコギリで挽く。これが、四月上旬から七月下旬までかかる。山元から舟場までは、「引き手」と呼ばれる集団が綱で地上を引いたり、冬季間には雪ゾリで運搬した。

森吉山のクマゲラ

今から七〇、〇〇〇年前にはじまり一〇、〇〇〇年前まで続いた最終氷期はウルム氷期と呼ばれる。日本列島に人類が住んだことを証明する遺物は、このウルム氷期である。更新世を通じて氷期の消長にともなう海水面の変動が汎世界的な規模で引きおこされた。氷期には海面が低下し、海底の浅いところは陸地となる。間氷期には海面が上昇し、それまでの低地の陸地は海水面下に没することとなった。海峡の大部分は氷期は陸橋に変わり、人間や動物の移動の通路となった。ウルム氷期に陸地化し、歩いて渡ることができたベーリング海峡はとりわけ有名である。約二〇、〇〇〇年前のウルム氷期の極相期には、海水面の低下は一一〇～一二〇メートルにも達した。その結果、間宮海峡と宗谷海峡は完全に干あがり、津軽海峡、対馬海峡、朝鮮海峡は部分的ではあるが海底が姿をあらわした。極相期を過ぎると、海水面の上昇にともなって津軽海峡、対馬海峡、朝鮮海峡の地域では、それまで大陸と陸橋によって接続されていたが、陸橋は次々と失われ、日本列島は大陸から完全に孤立して分立した。

それ以降にも海水面の変動は上昇・降下を繰り返し、相対的に海水面は上昇していった。海水面の上昇で、とりわけ大きな時期があった。「縄文海進」である。今から約七、〇〇〇～六、五〇〇〇年前のウルム氷期の後期に続く氷河制約的な海面上昇による汎世界的な海進の一環である。関東平野や青森県十三湖周辺の貝塚遺跡の分布が、この縄文海進に一致する。秋田県の海岸地帯の貝塚遺跡も、この海進に一致すると考えられている。縄文海進の時期の秋田県は、現在の海水面より五メートル程度高く、河口部に広がる現在の主要都市である秋田市、能代市、由利本庄市などは、その当時は海であった。

日本列島が南北で大陸と陸続きになっていたころ、列島に多くの動物群が陸づたいに移動してきた。

北方からはマンモスゾウ、ナキウサギ、シマリスに代表される「マンモス動物相」で、シベリアから樺太、北海道を南下し、その一部は本州中部の現在の岐阜県あたりまで達した。一方、中国大陸からは、陸化した黄海、朝鮮半島を通ってナウマンゾウ、シカ、オオツノシカのような草原性の「黄土動物相」が西日本に広がった。これらの動物の移動を追って、先住民族が列島にやってきた。

動物学では、北海道と本州では明らかに動物相が異なるかとから、津軽海峡を「ブラキストン線」と読んでいる。北方系のナキウサギ、シマリス、ヒグマなどは北海道までが生息圏で、津軽海峡に阻まれて本州に移動できなかった。一方、本州のツキノワグマ、ニホンサルなどは北海道へは渡れなかった。

このブラキストン線を境界に、北海道では生息しているが、津軽海峡以南には生息していないとされる鳥類がいた。カラスよりわずかに小さい日本最大のキツツキ類、国指定の天然記念物「クマゲラ」である。成鳥は、全体が黒色で頭頂部が鮮紅色。樹齢数一〇〇年の胸高直径七〇センチメートル以上のまっすぐなブナの大木に、地上一〇メートル以上の高さに穴を掘って営巣する。

クマゲラ（森吉山に生息していたものをはく製）

昭和八（一九三三）年一一月、翌年四月に八幡平で、それぞれオス一羽が確認された。動物学者にとって大問題であった。クマゲラの飛行距離はあまり大きくない。行動半径は数キロメートルで、常に羽ばたき直線的に飛行する。津軽海峡を飛来して本州までたどり着ける距離としては遠すぎた。昭和五〇（一九七五）年九月には森吉山東部のノロ川付近の、うっそうとした原生ブナ林内で、昭和五三（一九七八）年六月にも同じ地域で繁殖しているのが確認された。この結果、クマゲラは本州で留鳥として確認された。ブラキストン線に一石を投じるできごとであった。

このころ、全国各地で大規模なリゾート開発が進み、貴重な自然環境の消失を引きおこし、自然保護運動が活発化した。森吉山も例外ではなく、直径一メートル以上の巨大なブナ林が伐採された。クマゲラの発見にともない開発に歯止めがかかった。天然記念物が生息し繁殖する地域の重要性が認識され、森吉山では、繁殖地を中心に保護地域が設定された。次に、開発の手は白神山地にも及んだ。自然保護団体はクマゲラの生息調査を行い、確認された。青森県と秋田県を結ぶ青秋林道の新設や、開発と保護のせめぎ合いの時期が続いた。これまで無名であった白神山地が平成五（一九九三）年一二月、ユネスコの世界自然遺産に、屋久島とともに我が国ではじめて登録された。クマゲラの生息は、原生ブナ林の象徴とされ、注目を集めた。

絶対的に個体数の少ないクマゲラは、現在、北東北三県（青森県・岩手県・秋田県）山岳の天然ブナ林の中で一〇〇～二〇〇羽程度生息すると推定されている。平成五（一九九三）年九月、森吉山ノロ川でクマゲラの生息が確認された。森吉山ダム建設にともなう環境調査の一環で確認された。ダム建設工事のように大規模事業の実施に先立って、その事業にかかわる環境への影響について、調査、予測、評価を行い、必要に応じて保全対策を講じる「環境影響評価」の一環として実施。貴重種の鳥類調査であった。その後、三年間確認されたが、生息の情報は途絶えた。

環境の激変に適応能力が弱い動植物は、絶滅の危機に瀕している。人為的な影響のない手つかずの原生ブナ林は、その意味でも外来種の進入阻止など、十分な保護対策を講じなければならない。

ニホンザリガニの南限生息地

ニホンザリガニは、エビやカニの仲間で甲殻類十脚目に属する日本固有種である。環境省レッドデータブックの絶滅危惧種Ⅱ類に指定され、生息地は北海道と北東北三県（青森県・岩手県・秋田県）に限られている。日本での分布の南限が大館市であることから、ニホンザリガニの南限生息地として昭和九（一九三四）年、国の天然記念物として指定を受けた。生息地は、通称八幡沢地区の桜南～池内道下の農業用水路。水温摂氏一二度以下の湧水が流れ、用水路に掘った巣穴や石の下などに潜んでいる。夜間、巣穴から出て活動し、水生昆虫、小魚、貝類、枯れ葉などを捕食している。体長は四～五センチメートルほどの黒褐色で、大きいものは一〇センチメートルにもなるが、ここまで成長するには一〇年はかかるという。アメリカザリガニにくらべて小ぶりで丸みの体型が特徴。通常、目にするアメリカザリガニは帰化した生物で、昭和初期（一九三〇年ころ）にウシガエルのエサとすることを目的にアメリカから輸入された。アメリカザリガニは、環境への適応能力が高く天敵もいないことから、急速に繁殖し、全国各地にその分布域を拡大していった。

指定当時、周辺地域は田んぼが広がる自然豊かな環境の水田地帯であった。その後、宅地開発が進み生息場所の減少、土側溝からコンクリート製のU字側溝に整備されたことなどで、個体数は急速に減少した。平成一四（二〇〇二）年から二ケ年間の調査で二五匹が確認されたが、それを最後に指定地域では確認されていない。平成二四～二八（二〇一四～一六）年の調査では、約二五〇匹が指定地以外で確認された。周辺に点在する湧水（泉）のある水路などにすみかを移している。

大館市教育委員会では、生息地再生事業に取り組んでいる。指定地周辺からザリガニの雄雌を採取し、飼育・ふ化させて、本格的に種の保護・増殖に取り組んでいる。指定地近くの民有地二ケ所を借地し、新たに生息地を再生する環境整備事業を令和元（二〇一九）年から着手した。民有地水路の延長や拡幅、水路には石を置き、周辺にはアジサイやネコヤナギなどを植栽し、生育環境を整える。水路には天然記念物指定地に流れ込む同じ水系の水を導水する。数年後には、人工生息地に三〇匹のザリガニを新たに生息させる計画である。

種の保護や増殖、生息地の再生など、今後の取り組みの成果が期待される。

その他の動植物

梅雨あけの七月の中～下旬、盛夏の訪れとともに、セミがいっせいに鳴きだす。夏の風物詩である。アブラゼミは「ジージー」と鳴き、夏の暑さをさらに暑くする。夕方になれば、遠くから「ツクボーシ・ツクボーシ」の音色が聞こえ、涼しさを感じさせる。まれに、ミンミンゼミの鳴き声が聞こえることがある。ミンミンゼミは、日本列島各地に分布するが、秋田県北部ではほとんど見られない。どうやら、県中央付近が生息域の北限のようだ。県内が北限生息域の昆虫は、鳥海山山麓に生息するギフチョウ、米代川流域のジャコウアゲハなど多数いるとされている。

平成三〇（二〇一八）年一一月、「光るミミズ」が秋田県内ではじめて確認された。現在のところ秋田市が北限生息域となっている。中部大学（愛知県春日井市）の大場裕一准教授（発光生物学）が、講演のため来県した際、秋田大学の手形キャンパス内で確認した。ホタルミミズである。ホタルミミズは、体長約三センチメートルと小さく、日陰のジメジメした地表付近に生息し、冬にしか見つからない珍しい種類。暗いところで刺激を与えると、後端部付近から緑色に光る粘液を放出する。なぜ光る粘液を出すのかは解明されていない。

秋田市金足の県立博物館の近隣に女潟という湿原がある。砂丘と丘陵に囲まれた湿原として、縄文時代に成立した湿原。八郎潟ができる以前、北は浅内沼、追分など周辺平地はもちろん男潟、女潟も海域であった。男鹿半島南北両面の砂州が発達して潟湖となった。女潟は、その当時の名残をとどめ、人里近くに残された沖積地の大規模な低層湿原である。湿原特有な水生植物、昆虫・蛾類、甲虫類などの希少種が生息し、特有の生物相が形成されている。全国的にも限られた種が多数生息し、学術的にも貴重な湿原の存在である。全国の湿原には、ヒシと呼ばれるヒシ科の一年草の草木が全国に分布している。浮生葉は茎頂から集まって生え、古くから小葉は食用として採取されている。このヒシ科の一種のヒシモドキが女潟に生息しており、北限分布の植物とされている。同様にクロテンツキ・ヒネイナも北限分布であり、植物の北限に関しての種が多い。

秋田沿岸地域は、内陸部にくらべて温暖である。対馬暖流の北上を追いかけるように、海岸部には暖地性植物の常緑広葉樹に代表されるタブノキが分布している。県南部の海岸沿いにタブノキ群落が点在しており、にかほ市金浦町がタブノキ林分布北限地帯の最大群落である。同様に、モミも日本固有の暖地生樹木で、寒冷地での生育は適さない。日本海側では富山県以北では、その分布は極めて少ない。能代市母体のモミ林の群落は、北限の貴重な群落林として学術的が価値が高いとされている。約一ヘクタールのモミ林内の地域に、アカマツ、スギ、落葉広葉樹などが混生し、自然状態が維持された天然林となっている。

Ⅶ　秋田三湖物語

湖潟生成譚

秋田三湖物語は、十和田湖〜八郎潟〜田沢湖の三つの湖潟と、それらをつなぐ米代川、雄物川にまつわる湖潟生成譚の壮大で広域的な伝説である。その主人公は八郎太郎で、県内各地で語り継がれている。このような湖沼生成譚と同工異曲の竜蛇にまつわる伝説は、秋田県内（鹿角系）だけでなく青森県（八戸系、十三潟（湖）系）、岩手県（盛岡系）、群馬県、岐阜県などの各地でもみられる。変身譚、異類婚姻譚などの類型が共通している伝説。世界各地で見られる「水」の思想が、水の支配者を竜蛇とすることに発展した神話伝説の変形で、大湖の主を大蛇とした原始的な考え方がその底流にある、とみることができる。

八郎太郎伝説の縁起として、秋田県内では、

『十和田山由来記』　天明（一七八一〜八八）年間

『十曲潟山本地記録』　天保十四（一八四三）年　写

『終北録一名戎唐太日記』安政（一八五四～五九）年間などがあり、すでに藩政時代後期には、口伝や伝承の域から脱して書き記されている。当初から三湖一連の伝説ではなかった。十和田湖の主となる南祖坊は奇蹟伝説を残し、八郎太郎による八郎潟の潟生成譚、永遠に失われない若さと美を求めて蛇身となった田沢湖の辰子姫。伝説の諸相や特異性は、時代とともに複雑に絡みあって変化し、物語に仕立てあげられた。その背景には、自然に対する畏敬、神仏習合による神祇信仰と仏教の儀礼や神話の意味づけ、民間信仰の進展、僧侶や修験者の勢力争いなどが考えられる。現在のようなストーリーになったのは、昭和時代初期の一九三〇年ころ、中央の物語作家によって「日本昔話」として、近代的解釈で創作されたもとされている。

秋田三湖物語は比較的新しく創作された。とはいうものの、古来から口伝や伝説をベースに、秋田県の大地創世のプロセスを八郎太郎という人物を登場させ、伝説として見事に仕立てられ、連綿として語り継がれている。先人の私たちから続く未来世代へのメッセージでもある。

その地域の成り立ちを理解し、過去の自然災害を記憶し、地域開拓の歴史、悩みや苦しみ、喜びなどの物語をとおして提起している。自然環境・風土・歴史・文化などを理解するうえでの地域学という視点から、大変興味深く典型的な事例でもある。

三湖の概要

十和田湖は、約二〇〇万年前から噴火活動があった。湖の原形の外縁は、約二五、〇〇〇年前の大不動噴火で、約一三、〇〇〇年前の八戸噴火による陥没でカルデラが形成された。東湖や西湖は、この時期に形成された一部である。さらに、約一〇、〇〇〇年前にカルデラ南東部の噴火によってカルデラ内

三　湖　の　諸　元

潟　湖　名	十和田湖	八郎潟	田沢湖
所　在　地	青森県十和田市 秋田県鹿角郡小坂町	秋田県男鹿市 若美町	秋田県仙北市 田沢湖町
位　置（北緯） （東経）	N　４０度２８分 E１４０度５３分	N　４０度００分 E１４０度０１分	N　３９度４３分 E１４０度４０分
形　成　期	約 5.5、2.5、1.3、1.0 万年前噴火。6.2 千年前にカルデラ湖形成。915 年に爆発的噴火	約 6.5 千年前の縄文海進時は 男鹿半島挟んで海域。弥生時代以降に形成	約 180 ～ 140 万年前のに爆発的噴火によるカルデラ説が有力
成　因	カルデラ湖	海跡湖（複式繋島）	カルデラ湖
面　積（平方キロメートル）	６１．１１	２２０．０２	２５．７５
周囲長（キロメートル）	４６	７８	２０
最深水深（メートル）	３２６．８	４．５	４２３．４
平均水深（メートル）	７１．０	３．０	２８０．０
貯水量（立方キロメートル）	４．２	６６０．７	７．２
水面の標高（メートル）	４００	０	２５０
透明度（メートル）	９．０	１．３	４．０
水　質	淡　水	汽　水	淡　水
湖沼型	貧栄養湖	富栄養湖	酸栄養湖

部に五色岩火山が形成され、六、二〇〇〇年前の中掫噴火によって河口壁が崩壊して、第一カルデラに湖水が流入して中湖ができた。大型の二重カルデラ湖である。湖の南辺に御蔵半島と中山半島があり、この半島に囲まれた区域が中湖である。最後の噴火活動は、九一五（延喜一五）年の大噴火。十和田火山最新噴火と呼ばれている。この噴火によって御倉山溶岩ドームが形成された。この大噴火は、過去二、〇〇〇年間で日本国内で起きた最大規模の火山活動である、とされている。この噴火活動によって、軽石を含む火山灰が多量に噴出・堆積された。有史時代、噴火による火山灰の降下、融雪や洪水時に、広い範囲にわたり泥流となって北秋田地方一帯に大きな被災をもたらした。

中世のころ、男鹿半島は「小鹿島」の行政区の名称で、その以前の古代には脇本村に代表される蝦夷村であった。もともと、男鹿半島は、海底火山活動によって形成され、地殻変動で隆起した孤島であった。寒風山や目潟火山、戸賀火山は、島域になってからの火山活動である。縄文晩期の縄文海進の時代、島と本土陸域の間は海域で分断されていた。島が陸と続く半島となった男鹿半島は、島が砂州によって結びつけられた複式陸繋と呼ばれている。海域だった大部分は、潟として残った。これが八郎潟である。天然の排水路が南北に形成されるまでは、潟の水位は高かった。秋田市金足の県立博物館の近隣の小泉潟と呼ばれる男潟・女潟は、八郎潟最高水位時代の名残で、砂州によって形成された潟湖である。現在も、秋田市大清水や大郷・野村を結ぶ線上に沼が散在している。この砂州が発達する過程の砂層中に、弥生時代、続縄文時代の土器や腐植土が挟在されている。縄文・弥生時代の遺跡や貝塚の分布から、当時の八郎潟の様子が想像できる。

八郎潟は、周囲堤構築と潟湖の内水の排水により、中央干拓地と周辺干拓地が陸化され、残存湖が残った。現在、南側の旧水戸口の船越水道（男鹿市船越）には、水門が設置されている。農業用水を安定取水するための湛水池と水位維持、海水の逆流防止、排水路を目的としている。水門の総延長は、三九〇メートル（可動堰二一九メートル、固定堰一七一メートル）で、船の航行ができる閘門が一ケ所設置されている。残存湖（調整池）の「八郎湖」は、干拓地や周辺農地の水源であり、干拓事業で縮小したものの、まだ、全国一八位の広さがある。水門の設置によって海域と遮断されて、汽水潟は淡水湖となった。

田沢湖は、仙北市田沢湖町の活火山駒ケ岳南側の麓にある東西六キロメートル、南北五・八キロメートルの円形状の深い陥没湖である。最大水深は、四二五・五メートルで我が国で最も深い。湖面の標高が二五〇メートルであるから、湖底は海水面より低い。田沢湖は、駒ケ岳などの火山地帯に位置するが、湖岸には新第三紀中新世（二、六〇〇万年前～七〇〇〇万年前）の地層が広く分布する。湖岸の東側に露頭する凝灰岩類は、中新世後期から鮮新世前期（七〇〇〇万年前～二〇〇〇万年前）湖成層の地層で、木の葉化石を多く含んでいる。この時期に火山性の陥没があって、生保内から西木村にかけての広範囲の湖が形成された。この中は亜炭を含む第四紀更新世（二〇〇〇万年前ころ）の湖成層が分布している。現在の田沢湖は、古くからの陥没地帯の中で、一八〇万年前～一四〇万年前ころに爆発的噴火によるカルデラ湖と考えられている。田沢湖の容積分の火山噴出物が付近には存在せず、どこにいったのか不明で解明されていない。地形・地質学上、不可思議な現象の一つとされている。

米代川と雄物川

秋田県内には、主要河川として北から米代川、雄物川、子吉川がそれぞれ日本海に注いでいる。この三大河川で占める流域面積は、県土の約八六パーセントと大部分を占める。

米代川は、その源を青森・秋田・岩手県境に位置する中岳（標高一、〇二四メートル）に発する。その流は、岩手県を南下し、向きを西に変えて秋田県に入り、花輪盆地を北に流れ、支流の大湯川・小坂川と合流したあと、再び流れを西にとる。その後、大館盆地を貫流し、鷹巣盆地を経て、能代市二ツ井町付近で最大支流の流域面積をもつ阿仁川や藤琴川など、大小支流を合わせて能代平野を流下し、日本海に注いでいる。

米代川流域には、奥羽脊梁山脈と出羽山地の隆起帯がある。花輪陸塊、大館・早口陸塊、七座陸塊である。この二つの隆起帯を横断する先行河川で、平均河床勾配は一／六七〇と非常に緩やかな流れである。その陸塊の間には、花輪・大館・鷹巣の三つの山間盆地列が配列されている。米代川は、これら陸塊を開析し、横断して能代平野を経て日本海に注いでいる。その隆起帯を横断している場所が、花輪・大館・鷹巣の各盆地の出口にあたり、河道が極端にせばまる狭窄部となっている。花輪盆地は鹿角市石野、大館盆地が大館市横岩、鷹巣盆地は能代市二ツ井町の七座山。これらの盆地や平野は、棚田（階段）状になって配列され、花輪盆地は鹿角市毛馬内で標高約一三〇メートル、大館盆地で約六〇メートル、鷹巣盆地で約三〇メートル、能代平野で約八メートルと順次低くなっている。奥羽脊梁山脈などの隆起帯の地形的な制約から、これらの盆地は、地理・地質学では「湖盆地」と呼ばれている。生成過程の要因は、地質構成などから、構造性・洪水性起源と考えられている。流域内の地質は、概して新第三紀の中新世・鮮新世の凝灰岩類が多い。この基盤をなすのが古生層であり、かつての鉱山があった地層である。流域の耕地は沖積土からなるが、一部洪積土から構成されている。

雄物川は、その源を秋田・山形県境に位置する大仙山（標高九二〇メートル）に発する。その流は、湯沢市院内銀山跡の深谷を東に流れ、役内川、高松川を合わせて南下する。横手市十文字町付近で、宮城・山形県境に源流をもつ皆瀬川が合流。横手盆地を流下し、さらに南下する。ＰＨ一・二の強酸性水の玉川温泉の源泉を上流域にもつ玉川は、カルデラ湖の田沢湖に発電用水として導水。貯留された流水は、再び発電用水として湖から玉川本流の下流に放流されて、仙北平野を貫流して大仙市大曲で雄物川本流に合流する。その後、中流部では、北流して楢岡川、土買川が合流したあと、強首〜椿川まで二六キロメートルの狭窄部を大きく蛇行しながら流下して秋田平野にでて北流する。秋田市では、岩見川と合流したあと、二二年の歳月をかけて昭和一三（一九三八）年に通水した長さ二、三一七メートル、水面幅三六〇メートルの新屋放水路を経て日本海に注いでいる。旧雄物川は、河口から一・八キロメートル右岸に構築された新屋水門から分派され、旧雄物川の河口である秋田港に注いでいる。この新屋放水路の掘削土砂量一四、七八〇、〇〇〇立方メートルは、新屋、茨島団地の秋田臨海工業地帯の造成に埋土され、秋田市街地の地域防災と産業・経済発展の基礎を築いた。

　雄物川は、奥羽脊梁山脈と出羽山地に囲まれた流域。上流部では山間地域を流れる。横手盆地は、南北に長く広がり、東から西へなだらかに傾斜している。この要因は、東側の奥羽脊梁山脈を源とする丸子川、横手川などからの流出土砂が堆積し、扇状地形の傾斜によって構成され、湧水が豊富に流出している。盆地の西部は緩傾斜で、その一部は、かつての湖盆が埋積されたものと考えられている。玉川合流後の中流部では、出羽山地を切り開く先行谷となり、浸食作用による河道の湾曲や、河道の片側が急崖となって続き、椿川にいたる区間は狭窄部で大きく蛇行して流れは緩い。秋田平野に流れでると、秋田市西南部の新屋付近で砂丘に被覆された洪積台地の海岸砂丘に出口が閉ざされ、秋田市街地を経て秋田港に注いでいた。これが、かつての雄物川（旧雄物川・秋田運河）である。この砂丘の洪積台地を人工的に開削された新屋放水路から日本海に注いでいる。流域内の地質は、概ね米代川と同様の構成となっている

大日堂舞楽（鹿角市）

　鹿角市の「大日堂舞楽」は、平成二一（二〇〇九）年、ユネスコの無形文化遺産の民俗芸能部門（渡来芸・舞台芸）に登録された。この大日堂舞楽は、小豆沢に鎮座する大日孁貴（おおひるめむち）神社が毎年正月二日に、近隣の小豆沢・大里・谷内・長嶺の四地区の氏子三五人が祭典で奉納する舞楽である。この舞楽は、今からざっと一、五〇〇年前、鹿角地方の民話で知られる「ダンブリ長者」とその娘吉祥

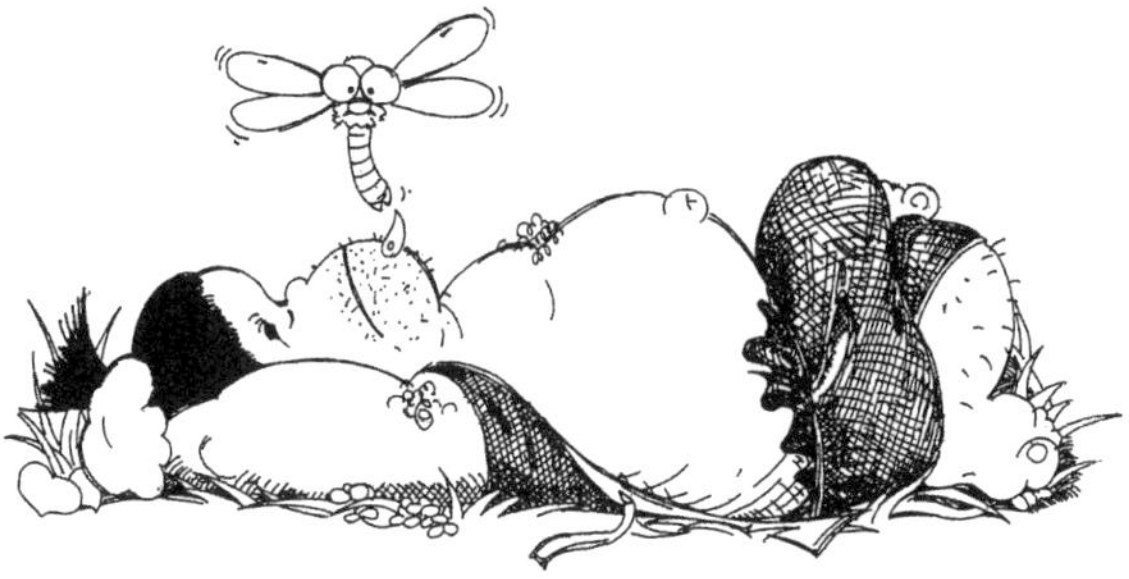

ダンブリ長者伝説（挿し絵・仁科輝一）

姫を祀ったのが、この神社であると伝承されている。養老二（七一八）年、名僧行基によって神社が再建された際に奉納されたのが、この「大日堂舞楽」のはじまり。大日堂の背後には、薬師の峯や五ノ宮嶽などの連山がある。この山から日が昇るため、日神信仰の神聖な場所。やがて、大日神の信仰として根づいていった。境内には、吉祥姫の父母である「ダンブリ長者」の夫妻を崇めたといわれるオジ杉・オバ杉があったという。現在、オバ杉は、樹齢一、五〇〇余年、周囲一〇メートルで、神社の御神木として祀られている。

　米代川の名称は、室町時代に成立したとされる鹿角地方の民話「ダンブリ長者」に、その起源語説話に求めることができる。「たぐひまれなる長者とこそ、四方に其名は、かくれなし。けんぞくあまた待つければ、朝夕の米とぎ水の流れの川にみちければ、前なる川を米白川と申すなり」、とある。つつましく農業で暮らしていた夫妻は、ダンブリ（トンボの方言）の導きで霊酒の涌く泉を発見。村人に分け与え、その名声から巨万の富を得る。長者の屋敷から、多量の米のとぎ汁が川に流れでて白くなったことから、米白川と呼ばれ、これが後世になって米代川になったのであるという。ヨネ（米）はイネと同義語。シロ（白）は代（かわる）に変化。中世から藩政時代にかけて、積極的に開発が進められた下三郡（秋田郡、檜山郡、比内郡）が、やがて歴史の表舞台に登場する。黄金の穂がなびく豊かな穀倉地帯の田園の情景を想像させる佳名である。

岩手県安代町では、この「ダンブリ長者」伝説をまちづくり、地域活性化につなげようと、「だんぶり長者里づくり推進協議会」を組織し、活動している。町内に案内板の設置、霊酒の涌く泉を発見したとされる「涌酒の地」に石碑を建立するなど観光振興に取り組んでいる。

米代川河口の野代湊は、室町時代には北国海運の港湾の一つとして町が成立していた。元禄七（一六九四）年五月二七日にM七・〇の地震による甚大な被害、それに追い打ちをかけて、宝永元（一七〇四）年三月三〇日には米代川大洪水の被害、さらに四月二四日にM七・〇の地震で壊滅的打撃を受けた。連年にわたる被災で、一、三〇〇戸規模の町は、このままでは野にかわる（代）との危機感から、改名を藩に願いでた。野から、よく（能）かわる（代）ように、能代に改名された。

元慶二（八七八）年、元慶の乱で賊と呼ばれていた蝦夷軍は、軍団並みの武装により秋田城を襲撃。出羽国府から都の朝廷政府に蝦夷の独立宣言を知らせる伝馬による飛駅上奏が六月七日、その日のうちに届いた。「秋田河（雄物川）以北を己が地に為さん・・・」という記録がある。菅江真澄の紀行文『男鹿の春風』の中に、土崎港に滞在した際、「むかしはここを麻裳の浦、面の港ともよんだということである《貢を御物成といったということばがある。その貢物をつんでくだる船が多いので、おもの成川ということを省略して御物川といったのであろうか。酒田の浦を袖の浦、袖の港というのになぞらえて御裳の浦の名があるのだろうか》。」、とある。『享保郡邑記』には「仙北三郡の貢物（御物成）をば舟にてつみ下す川なれば御物川という」、とある。雄物川は、古くは「秋田河」と呼ばれていた。雄物川の河口港の土崎湊は、室町時代末期の海事法である「廻船式目」で三津七湊の一つにあげられ、日本海北部の要港として繁栄した。寛文一二（一六七二）年、河村瑞賢によって日本海西回り航路が開かれ、秋田米や特産物が海運された。雄物川の舟運が活発となって、御物成が運搬された。雄物川の命名の由来とされている。

横手盆地は、かつて湖であったのか？「鳥の海伝説」がある。横手盆地は湖で、サケの群れが遡上し、このサケを追って多くの鳥が飛来することから、「鳥の海」と呼ばれていた。塩竈神社（宮城県塩釜市）に祀られる塩竈大明神の子孫、明永長者と明保長者の兄弟が、宮城・秋田県境の雄勝峠を越えてやってきた。「鳥の海」を田畑にしようと、西北の山を切り崩して谷を掘り、湖水を日本海に流した。ダイダラボッチという巨人もあらわれ、泥土を除去する作業を手伝った。干あがった平野を明永長者は「山北（のちの仙北）」と名づけ、二人の長者は土地の人びとに農業やかんがい技術を伝授した。弟の明保長者はその功績から「副川長者」の名を献呈され、両長者は御嶽（大仙市）に祀られたという。この伝承は、鎌倉時代以降に成立したと考えられている。横手盆地周辺、かつての川辺郡（秋田市・大仙市）、仙北郡（仙北市・横手市）、平鹿郡（大仙市・横手市）、雄勝郡（横手市・湯沢市・雄勝郡）の県南部一帯の開発伝説である。横手盆地の「鳥の海」を、丘陵地を開削し、湖水を下流に注ぐには、大規模な土木工事を行わなければならない。多数の民を動員する人海戦術が必要である。超人的なダイダラボッチという巨人像の登場は、大きな権限をもつ開発領主の存在に置き換えられた、とみることもできよう。御嶽の登場は、御嶽信仰の力による開発を意味する。また、この二人の長者とは別に、平鹿郡、山北郡、雄勝郡に用水を引いて耕地にした満徳長者と地福長者の伝説もある。具体的な名前ではなく、長者号としていることは不思議さがある。県南地方一帯を開発するほどの強大な権限を持った領主は、歴史の流れからみて、山北の俘囚主の清原一族の先祖や血縁関係者だったことが転化した可能性も否定できない。

十和田開山

霊山十和田は、高山の山頂に神秘の青い湖をいだく青龍大権現を祀る神仏習合の霊山で、神の山「御山」と呼ばれ、僧侶や修験者が山岳修行した北東北地方で有数の霊山、山岳霊場であった。開山は、平安時代末期までさかのぼる。江戸時代には南部藩の保護を受け、領民の信仰登山、聖地巡礼などで賑わった。

十和田湖伝説（縁起）の最も古いものは、応永一四（一四〇七）年の一五世紀初頭までさかのぼる。『三国伝記』である。近江国（滋賀県）の天台宗系の僧侶の彦棟が編纂した説話集で、全三六二話のうち、三四二話目に収録されている仏教説話。「釈難蔵（僧難蔵は南祖坊）、不生不滅を得たること」という物語である。『三国伝記』は、天竺、明、日本のそれぞれの伝説が同数収録されている。その中で唯一、北日本の伝説が紹介された。それが十和田湖縁起。北東北の伝説が、一四〇〇年代初頭に京の都まで伝わり、語られている。十和田湖が霊山として開山したのが、伝説の開山上人の南祖坊。開山の拠点は、五戸七崎（青森県八戸市）の永福寺で、そこの僧侶と伝えられる南祖坊その人である。

この縁起によれば、播磨国書写山に釈難蔵という法華経の行者がいた。生前に弥勒菩薩がこの世に現れる「弥勒の出世」に出会うため、熊野山に三年間参籠し、神のお告げを得る。「陸奥と出羽の堺」にある「言両の山」（修験者の立ち入る霊山で十和田湖をさす）の頂にある大きな湖に行き、湖の畔で読経に励んだ。湖の主である龍女が毎日聴聞に現れ、結縁したいと願いを申しでる。長命な生き物の龍の私と夫婦になれば、弥勒の出世に会うことができるという。龍女の願を受け入れて難蔵は湖に入定する。龍女から、月の半分を言両の山の湖で過ごす奴賀の嶽（八甲田山）の八ツの頭大蛇の妻にされて困っていると告白される。難蔵は、法華経の法力で八ツの頭大蛇と七日七夜にわたって激闘。敗れた大蛇は小蛇となって敗走し、奴賀の嶽に逃げ帰った。龍になった難蔵は、龍女と夫婦となって湖で暮らした。今でも、山人が湖畔に近づくと、激しく波立つ下から法華経の読経がかすかに聞こえる、という。

十和田湖伝説は、十和田開山をおこなった南祖坊（のちに正観音の生まれ変わりとされる）が、さまざまな修行と苦難の末に、十和田湖に入定し、十和田の「カミ」の青龍大権現となった。「荒ぶる神」（八ツの頭大蛇）が支配していた十和田湖を平和で穏やかな「仏の湖」とし、人びとに恵をもたらした「霊山、霊場の十和田」誕生の縁起である。

これと同様の説話は、元禄一二（一六九九）年、南部藩の藤根吉品が編纂した『来歴集』の「十曲沼」にも伝説として記されている。また、十和田湖は、孝霊天皇四〇（紀元前二五一四）年に十和田湖が湧出して誕生した、という。さらに、文化四（一八〇七）年、十和田湖を訪れた菅江真澄も紀行文の中で、現地での聞き書きとして、同様の伝説が書き記している。山中半島の湖畔にある休屋の一角に十和田神社が鎮座している。この神社は、坂上田村麻呂が大同二（八〇七）年に創建されたという説もある。

人里離れ、訪れることもままならない奥深い高峻な山岳は、神仏習合による山岳仏教と霊山信仰の対象地であった。十和田湖周辺の山岳の山々や湖水は、俗界から隔絶された清浄で霊力に満ちた地で、僧侶や修験者が山岳修行する場として開山された。古代から中世の修験道が全盛の時代、自然の霊力を感得し、呪術的能力を会得するため修行する行場が各所に点在している。天台宗・熊野系の修験者がになっていた。観音菩薩信仰に代表される民間信仰の進展、極楽浄土や死者の追善供養、現世利益を求めて、聖地巡礼、寺社巡礼が活発になる。御山の登り口は、俗界から神聖な場所にはいる「結界」（第一の結界）が設けられている。身を清め、けがれを祓う場所。秋田方面から十和田湖に入る場合、藤原道（現在の

郵便はがき

料金受取人払郵便

秋田中央局
承認

6290

差出有効期間
令和7年6月
9日まで

010-8790

414

秋田市広面字川崎一一二—一

（受取人）

無明舎出版　行

I D		氏　名		年齢	歳
住　所	郵便番号（　　　　　）				
電　話		FAX			

愛読者カード　　　　　　　　　　　　ご購読　　年　　月　　日

◆本書についてのご感想。

購入書名		購入書店	

◆今後どんな本の出版をお望みですか。

購読申込書◆ このハガキでご注文下されば、早く確実に小舎刊行物がご入手できます。（送料無料・後払い）

書名	定価	部数

ttp://www.mumyosha.co.jp E-mail info@mumyosha.co.jp

このカードによる個人情報は、弊社からの新刊情報の提供のみに利用します。

樹海ライン）では七滝である。落差六〇メートルの日本の滝百選にも選定された名瀑。清冽な滝と渓流は、禊ぎと祓いの場であり、修験の行場でもあった。さらなる神域の十和田湖を拝する遙拝所が第二の結界で、かつては女人禁制の聖域であった。

明治元（一八六八）年に布告された神仏分離令によって、仏を廃し経典を破棄する廃仏毀釈が全国各地で激しい嵐にさらされた。仏教や寺院の攻撃にとどまらず、修験宗は廃止され、修験は天台宗、真言宗に属するか、神職になるか、還俗するかの選択を迫られた。こうして、十和田信仰は大きな打撃を受けて衰退していった。

現在の十和田神社の右奥の御倉半島の付け根に、「オサゴ場」という占い場がある。この場所は、南祖坊が中海に入定した地と伝えられる。銭や米を紙に包んで祈って湖中に投げ入れる。その岩場のうえに、十和田青龍大権現を祀る本宮と南祖坊を祀る南祖殿が並んで建っている。

明治時代末期から本格化した十和田湖観光の振興と、大町桂月が景勝地十和田湖を全国に紹介したことから注目を集めた。十和田湖は、「十和田湖および奥入瀬渓流」として、文化庁の特別名勝および天然記念物の指定された。また、昭和一一（一九三六）年には、十和田湖、奥入瀬渓流、八甲田火山群とともに「十和田八幡平国立公園」に指定され、北東北を代表する屈指の観光地となった。

十和田湖の歴史は、神聖な場所で信仰とともにはじまった。信仰の歴史を今一度見直そうと、有志による「十和田湖伝説の伝え方を考える会」が平成二九（二〇一七）年一〇月に設立された。名勝・景勝地の観光地のみならず、歴史や文化の側面からの評価しようという、新たな視点からのアプローチと、その活動が注目される。

八郎太郎の出自

青森県の伝承では、八郎太郎は黒石市の生まれ。一尾の雑魚を食べて大蛇となり、南祖坊と比肩するほどの大蛇となった。岩手県二戸郡の伝承では八ツ太郎と呼ばれている。半身大蛇の姿となり、人間界を去る。どこかに住み場を求めようと、安比川筋で両山のせまった「続き岩」を堰き止めて湖をつくろうとした。が、これを見た荒屋の滝不動明王は、我が流域（米代川）を住み場とすることを許さなかった。山中の美しい十和田湖に住もうとしたが、十和田湖の主の南祖坊と激闘となる。秋田県でも各地に伝承されている。その中核をなすものが『十和田湖物語』である。

比内独鈷（秋田県鹿角市）に了観という僧侶が住んでいた。素行不良で寺社の近くの沼に住む大蛇のたたりを受ける。身ごもった了観の妻が出産したおり、雷鳴や地鳴りなど、天地が激しく鳴り響き、暴風雨の天変地異の自然現象であったという。こうして誕生した子は久内と名づけられた。その後、鹿角の草木に移住し、代々久内を名乗ったという。九代目の久内が誕生した。八郎太郎である。若い村娘の母と旅の男の間に生まれた子どもで、父親は寒風山で竜に姿を変えて消えたといわれ、母は難産で死亡。祖父母に育てられ、マタギで生計をたてていた。

成人になった八郎太郎は、その血筋から身の丈六尺の大柄で、力万人に勝り、鬼にも似た風貌の強面であった。八郎太郎は、濁川の三治、婦多渡の喜藤の三人で筑紫森と赤倉尾の大嶽の間の山中で、昼夜にわったて极（まだ）の樹皮剥ぎ作業をおこなっていた。当日は、八郎太郎が炊事当番である。沢辺を下り、大きなイワナを三匹つかまえて桶の中に入れ、悦び勇んで小屋に持ち帰った。串刺しにしたイワナ三匹を炭火で焼くと、その匂いは八方に香しく、耐えかねて一匹食べてしまった。その味覚は、甘きこと甘露の如し、耐えかねて残り二匹も食べてしまった。喉の乾くこと限りなく、汲桶の水を飲めども渇きはおさまらず、堰の樋口に浸り、水より離れ難がたかった。昼の四ツ時より日暮れまで水に浸って飲み続ければ、身体に異変がおきた。五体も太く、目の色も変わり、あさましき姿となった。日暮れになって、三治と喜藤は夕食の支度もできているころと小屋に帰ってくる。音もなく、八郎太郎はどこにも見あたらない。二人は、探すべく沢辺に尋ねいけば、八郎太郎は水に浸り、身体は肥え手足は太り、目は光り、口は広がり、もはや人間の姿ではなかった。二人は、何故そのような姿になったのかに驚き、早々小屋へ帰ろうとする。八郎太郎は、泪を浮かべ、何の報いでこのような魔性に落ちるのか、一時も水より離れ難しと嘆き、その方達二人には、早々この場を立ち去るよう申しつける。小屋に残してある我が鎌を持ち帰り、この有様を久内の祖父母に告げるように懇願する。名残惜しい人達や、さても浅ましい我が身に，大声をあげて叫ぶこと、山も崩れるばかりの響きであった。

こうして、竜蛇に変身した八郎太郎は、永遠の住み場を求めて旅立つのである。

十和田湖の激闘

三三尺もの大蛇になった八郎太郎は、十和田山頂に自らの住みかとして十和田湖をつくり、美しいこの湖の主となった。

南祖坊という修行僧は、悩める人びとを救うことを願って、諸国を巡り歩き、紀州熊野（和歌山県）で修行していた。神のお告げを受けて鉄の草鞋を授かった。「これを履いて諸国で修行し、草鞋の鼻緒が切れたところを永遠の住みかにせよ」というものであった。鉄の草鞋の鼻緒がきれたところが十和田湖である。

十和田湖の先住の主である八郎太郎に対し、南祖坊は住みかを求めて戦を挑んだ。七日七晩の激闘。その格闘は、

二頭の大蛇は、万雷が一時に落ちたかと思うほどの大声をあげ、雲を呼び、霧をまき、大地を揺るがし、湖面に大波たたせ、山は崩れ、お互いに火をふきかけ、岩の裂け目からは火がふき、流血になり、湖面は真っ赤になった

という。互いに秘術と法力を尽くしての壮絶なものであった。南祖坊が掲げた法華経の文字が無数の矢となって八郎太郎に突き刺さり、深手の傷をおった。八郎太郎は敗北し、十和田湖を奪われ、立ち去った、という大意である。

十和田湖の主となった南祖坊の青龍大権現は、激闘で血に染まった赤岩の呪いで、湖水には一匹の魚も住み着かなかった。いわゆる魚忌みの伝説で、湖畔では魚という言葉を口にすれば、神罰があって慎んだという。迷信打破の強い精神で、ヒメマスの養殖に成功した和井内貞行は、明治四〇（一九〇七）年、五〇歳の春、養魚の成功で緑綬褒賞が授与されたことは広く知られている。

この伝説で、法華経が登場している。法華経は、本義として万人の平等とすべての生類の救済を唱える経典である。法華経の文字が矢となって八郎太郎を攻撃することは、経典の教えにそむいている。これが、神仏を混同した比較的新しく創作されたとするゆえんである。

花輪盆地での画策

十和田湖で南祖坊と激闘で敗北した八郎太郎は、やむなく次ぎの住みかを求めて、第二の住みかとして三戸（青森県）盆地に目をつけるが、地元の神々との戦に敗れて逃走する。米代川を下り、たどり着

いたのが、周囲が山々に囲まれた花輪盆地である。

盆地の中で唯一、山が途切れている場所がある。鹿角市十和田末広と同市十和田瀬田石にまたがる狭窄部。男神山と女神山の狭い断崖をぬうようにして流れる米代川本流に小坂川と大湯川が合流している。この狭まった両岸の男神山と女神山が切り立っている間を堰き止めれば、花輪盆地は大きな湖となり、ここを安住の地にしようと考えた。この谷間に、毛馬内富士と呼ばれる茂谷山（標高三六一・九メートル）をかついで運び、堰き止めようと画策する。

地域の神々は八郎太郎の画策に驚き、対抗措置をとる。神々が集まり、「大評定」を開いたとされる十和田大湯（鹿角市）字集宮に集宮神社がある。現在も周辺を一望できる丘の上に社があり、龍神が祀られている。地域に祀られている四三ケ所の稲荷神が集まって評定した。八郎太郎を追いだすことに評議一決。一大闘争が展開される。ただ、八幡平五ノ宮の稲荷神だけは参戦しなかった。湖ができても沈むことがないというのがその理由だった。八郎太郎と結集した神々は、大湯川を挟んで巨石を投げ合い、稲荷神が勝利する。耕地整理がまだされていない戦前、神々が投げたとされる巨石が田んぼのあちこちにあったという。

男神山と女神山の間の米代川を堰き止めれば、花輪盆地は必然的に水没するしかない。この地域では、五穀豊穣を願う稲荷信仰が深く根づいている。このような背景もあり、地域の神様の代表として稲荷神が登場している。地域事情を反映したストーリーとなっている。

鷹巣盆地で再度のチャレンジ

八郎太郎は花輪盆地での住みかをあきらめ、この地を去る。さらに米代川をくだり、たどり着いたのが能代市二ツ井町。まわりの景色があまりにも美しく、またも絶好の地形条件が整っている。米代川中流部の両岸に山が迫っている狭窄部。右岸は加護山、左岸は七座山。この場所を傷ついた身にもかかわらず、渾身の力をふり絞って川を堰き止め、湖とした。

八（七）座山の神をはじめ地元の神々は激怒した。昔から守り続けてきた由緒ある土地を守るため、八郎太郎をなんとか追い払う方法がないのか、と天神様に相談した。そこで、力くらべで勝負してみてはどうか、という評議となる。八座山の岩を遠くまで投げたものが勝者で、敗者がここからでて行くこととした。勝負は地元住民から厚い崇敬を集める天神様の岩が遠くまで投げられ、力自慢でまさった。

『天皇陛下水害地御覧展望之跡』石碑（北秋田市鷹巣町）（昭和22年８月に視察）

八郎太郎は、ここも去らねばならない。そこで、天神様は八郎太郎に米代川を下って海にでれば、男鹿半島との間に広い土地があり、そこを住みかにすることを提案。しかし、米代川の水量では浅すぎて、大蛇の八郎太郎は前に進むことはできない。天神様は、神のつかいで家来である白ネズミたちに堰き止めた堤に穴をあけて崩壊させ、大洪水を起こしてその流れにのって行くように勧めた。勢いよく流れ下る水と一緒に、八郎太郎はここ八座山を立ち去った。力くらべで山が一つなくなって七座山に、白ネズミを追いかけないようにネコをつないだところが小繋になったという。

七座山は、能代市二ツ井町の名勝きみまち坂の対岸に位置する。その標高は二八七・四メートルの凝灰岩の山。七座とは、七倉とも称し、岩倉を指し、七は数が多いことを意味する。その山々とは、下流側から、松座・大座・三本杉座・芝座・蓑の座・烏帽子座・権現座の一嶺七峰である。七座山にある七座天神社の由緒は、阿倍比羅夫が蝦夷地遠征の際「七座神」を祀ったのが、そのはじまりという。天神七代の「七座山大神天満宮」の国乃底立神、伊邪那岐神など一三神がこの山々に祀られている。この連山は、修験者の行場であり、慈覚大師が彫ったと伝えられる「岩屋の獅子頭」や「法華の岩田」など、古くからの信仰の山の名残をとどめる史跡がある。この七座山の南北に縦走する稜線が山本郡と北秋田郡の郡境をなしている。

鷹巣盆地が一時的ではあるが、八郎太郎が米代川を堰き止めて湖水化させたという。史実の大洪水が長く地域で語り継がれての比喩として物語に仕立てられた。その大洪水は、延喜一五（九一五）年の十和田火山の大噴火による火山噴出物に起因した土石流をはじめ、過去幾多の大出水に見舞われている。河道閉塞の可能性の土石流。火山灰を含む白濁した大洪水である。火砕流、火山泥流堆積物の土石流などは、古くから大蛇の下りや、白髭大明神（猿田彦）が姿を変えてあらわれる。古来から地域の人々は洪水被害に悩まされ、壊滅的打撃を受けた。白ネズミの登場は、降下火山灰の堆積物が流出し、白濁した洪水の比喩ではないかと指摘できる。白濁の流れは「ダンブリ長者」伝説にもつながり、その関係性をがうかがい知れる。

この痕跡は、洪水起源の埋没建物遺跡に見ることができる。

埋没建物遺跡

我が国での埋没建物遺跡は、天明三（一七八三）年七月に浅間山が噴火した際、火山噴出物によって埋没した集落が広く知られている。浅間山北麓の四ケ村は、大きな被害を受けた。鎌原村は当時、一〇〇戸、五〇〇〇余人の規模の集落で、一瞬のうちに埋没したとされている。鎌原遺跡の発掘調査の結果、埋没の要因は、火山の噴火によって噴出した火山灰の泥流。泥流は高温なものではなく、常温に近く、しかも乾燥したものであることが明かになり、「土砂なだれ」と呼ばれている。最近では、雲仙普賢岳や三宅島の噴火などで火山噴出物による家屋の埋没の過程を知ることができる。

秋田県の古代遺跡のなかで、全国的にも類例が少なく注目されているものに、洪水起源の埋没建物遺跡がある。この「埋没建物」遺跡は、古代の建物が当時の場所に建っていたものが、洪水などによって土砂の流出や運搬・堆積して埋没したもので、建物内から当時の生活用品などの遺物も多数発見されている。

男鹿市脇本にある小谷地遺跡は、男鹿半島の付け根にあり、昭和三四(一九五九)年、圃場整備中に発見された。竪穴住居と建築遺材が重なった状態で、出土品などから古墳時代の空白を埋める遺跡として注目された。遺跡は、八郎潟の湖水が関与していることは明かで、どのような要因で埋没したのかは定かでない。

米代川水系には、現在まで九ケ所の埋没建物遺跡が記録または確認されている。最近では、大館市の道目木遺跡が平成一一(一九九九)年に、片貝家ノ下遺跡が平成二七(二〇一五)年に発見された。本流筋で四ケ所、支流筋で五ケ所。本流筋では下流から、天神(能代市二ツ井町)、小勝田(北秋田市鷹巣町)、胡桃館(同)、道目木(大館市扇田)、支流岩瀬川筋の岩瀬(大館市田代町)、引欠川筋の真中板沢(大館市真中)、向田崖(同市向田)、大披(同大披)、片貝家ノ下(同市比内町)である。

埋没建物遺跡が出土した位置や伴出状況には、共通の特徴がある。出土地点の下流部が隆起帯の盆地出口の狭窄部で、盆地内の河床勾配は極端に緩やかである。天神・小勝田・胡桃館遺跡は、鷹巣盆地の

米代川水系の埋没建物遺跡

遺跡名	所在地	発見年	遺物等	主要な文献等
天　神	能代市二ツ井町 旧二ツ井営林署天神貯木場 本流米代川	昭和 8 年〜昭和 9 年 （1933 〜 1934）	家屋 3 棟 土間と敷居あり、両開きの扉あり、割り板を重ねて土中にさす幣（杉）。臼、杵、曲げ物、瓶、倒木など ※幣などの遺物からアイヌ族が住んでいたと考えられる。	佐々木兵一 『北秋田郡史』 『鷹巣町史』　など
小勝田	北秋田市鷹巣町小ケ田 本流米代川	文化 14 年 （1817 年 6 月）	家屋 2 〜 3 棟 六角柱（干支）、機織機部材、木製矢入れ、木箸、串、樋、槌、倒木など ※建物は竪穴式住居である。六角柱（干支）や機織機部材の遺物などから 800 年代以降の時代と考えられる。	長崎七左エ門 『文化十四年丑六月洪水記録』 黒沢（二階堂）道形 『秋田千年瓦』 平田篤胤 『皇国制度考』 菅江真澄 『新古祝甕品類之図』 真崎勇助 『酔月堂随筆』
胡桃舘	北秋田市鷹巣町綴子字胡桃館 本流米代川	昭和 38 年 （1963 年）	校倉造りの建物など 4 棟 棚、群柱、土師器、須恵器、機織機、木簡、木箸、甕、木筒、机、刀子など ※建物のスギ材の最外輪樹木年輪年代測定法で902年、土師器、須恵器などの遺物から、平安時代後期と考えられる。	秋田県教育委員会 『胡桃舘第3次発掘調査報告書』 奈良修介 『くるみ館の発掘—秋田県北部の古代建物調査—』
岩　瀬	大館市田代町岩瀬 支流岩瀬川		建物 5 〜 6 棟	佐々木兵一 『北秋田郡史』
板　沢	大館市真中板沢市重郎の畑 支流引欠川	寛政 5 年〜寛政 9 年 （1793 年〜 1797 年）	建物 5 〜 6 棟	菅江真澄 『さくらがり』
向田崖	大館市向田崖 支流引欠川	慶応年間 （1865 年〜 1868 年）	建物 1 棟 曲げ物のようなものに入った「種子」のようなもの、瓶、臼、杵、机、膳器類など	土岐蓑虫記事 平山、市川 『1000年前のシラス洪水』 地質ニュース
大　披	大館市大披 支流引欠川	安永 4 年 （1775 年 4 月） 天明 3 年 （1783 年 3 月）	建物 3 〜 4 棟 板に墨書きの仏、斧造りの机、木の鋤、折敷、木履、長さ 2 間のスギ材の舟竿、栗、稗、藤の葉、高さ 1 寸の唐金の不動尊像、墨書の大日如来像（スギ材）など ※机の足に永正 8(1511) 年と記されている。	菅江真澄 『さくらがり』 『にえのしらがみ』 瀬谷五郎右衛門 『自社木巡見下筋回在之筋一覧記図写本』
道目木	大館市道目木 本流米代川	平成 11 年 （1999 年）	建物 1 棟 床板材、壁板材、窓枠材、土師器、棒状木製品、桶底部、筒形曲げ物、簾の状木製品 ※出土したスギ材は最外輪樹木年輪年代測定で912年のものであった。	板橋範芳 『大館市道目木遺跡埋没家屋調査概報』
片貝家ノ下	大館市比内町貝ノ下 支流引欠川	平成 27 年 （2015 年）	竪穴住居跡 12 棟 1 棟が屋根跡が立体的に分かる状態で発見、「寺」と書かれた黒や赤を使った墨書土器、灯明皿、土師器、板塀、木杭など ※出土した屋根の上には5センチメートルほどの降下火山灰が積もっていたことなど、当時、生活していた集落がシラス洪水で埋没したと考えられる。	秋田魁新報 新聞記事ほか

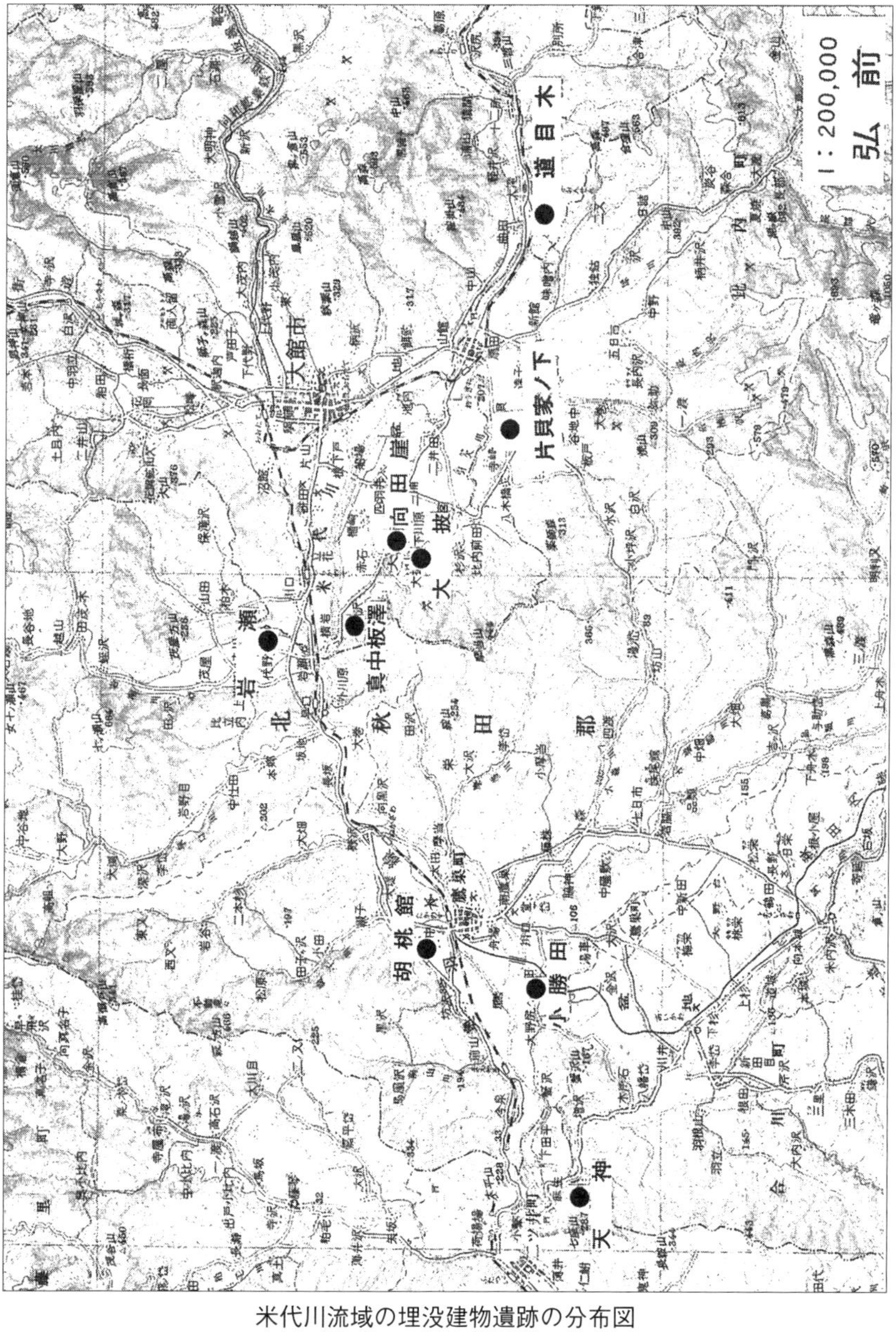

米代川流域の埋没建物遺跡の分布図

出口の七座陸塊が隘路であり、そこに支流で最大の阿仁川や藤琴川が合流している。岩瀬遺跡は、米代川と支流岩瀬川が合流し、外川原が狭窄部となっている。真中板沢・向田崖・大披・道目木・片貝家ノ下遺跡は、大館盆地の出口の横岩の田代陸塊が隘路となり、そこに長木川、犀川、引欠川などが合流している。

埋没建物遺跡で、はっきり分かっているもので、小勝田・胡桃館・真中板沢・向田崖・大披・道目木・片貝家ノ下の各遺跡は、いずれも十和田火山最新噴火による噴出物である軽石質泥流堆積物の火山灰層と呼ばれる地層を介在して発見されている。十和田湖の御倉半島の先端で起きた陸上噴火であった。

片貝家ノ下の埋没建物遺跡は、全国でも希有の竪穴建物の屋根跡が発見された。斜めに走る屋根跡の地層の一部に段差がある。火山噴出堆積物を含んだ洪水が来た際、屋根上に降り積もった火山礫ごと屋根が割れたものと考えられている。火山噴火の規模と影響範囲の広大さを示している。

胡桃館遺跡は、昭和四一（一九六六）年から三ケ年にわたって本格的な発掘調査が実施された。調査の結果、遺構全体が火山灰層によって埋められている。表土の厚さは四〇センチメートル、その下位が厚さ一・三メートルの火山灰層。火山灰層堆積物の組成は、礫、砂、および泥質から構成され、炭化した植物片を含み、軽石を混じえている。堆積層の構成は、基底部には軽石片に砂礫が混合し、多量の植物片を含んでいる。上層ほど細粒となっており、堆積層面が認められた。堆積層面の存在は、流水が停滞し、比重淘汰によって沈降・堆積した痕跡である。また、柱や建物などが構築当時の垂直の現状のまで出土している。道目木遺跡では、表土の厚さが五〇センチメートル、その下位が厚さ一・二メートルの火山灰層。埋没建物の周辺で発見された埋もれ木の流木は、枝を西方、米代川の下流方向に向けていた。建物の建材が未炭化で保存状態もよく、泥流堆積物下部で発見されている流木も未炭化樹木である。また、昭和五六（一九八一）年、能代市二ツ井町切石で町道工事中に埋もれ木が発見された。天然スギで、年輪から樹齢一〇九年、倒木したものが土砂で埋没した。埋没は天徳二（九五八）年と年代特定されている。この埋没木が発見された場所は鷹巣盆地狭窄部の下流で、支流の内川が合流する地点である。

これらのことから、噴火時の高温の火砕流ではない。火山噴出物の軽石粒を含む礫や火山灰の堆積物が、未曾有の豪雨によって、火山起源の堆積物が泥流状土石流となって歴史的な大洪水が生起した。盆地出口の狭窄部がボトルネックとなって、流下しきれずに逆流・停滞し、盆地内一帯が湖水化した。流速が遅くなった洪水流は、運搬された軽石粒や火山灰が沈降・堆積し、家屋や建物、流木を埋没させた。

十和田最新噴火にともなう噴出物、火山灰を含んだ地層や洪水を、既往論文や著書では「シラス層」、「シラス洪水」と記述されている。「シラス」の語源は、「白砂」、「白州」である。

鹿児島湾最北奥部に直径二〇キロメートルの始良カルデラがある。約二五〇〇〇年前に巨大噴火にともない形成された。始良カルデラ大噴火で発生した大規模な入戸火砕流の堆積物が「シラス」と呼ばれている。軽石や細粒の火山灰の地層で、鹿児島県を中心に九州南部に広がり、シラス台地など、多様な地形を形成し、「シラス」は九州南部の固有名である。

同様な地層は、関東、東北、北海道にも分布している。地形・地質学や工学では「シラス」とは呼ばない。本著では正確をきするため、「シラス層」は「火山灰層」、「シラス洪水」は「火山噴出堆積物を含んだ洪水」と記述した。

十和田火山最新噴火と埋没年代

地球内部では高温のマントルが熱対流し、その外殻にあたる岩板（プレート）が地殻変動を引きおこしている。日本列島は、ユーラシアプレート・太平洋プレートなど四つのプレートが激しくぶつかり合い、地殻変動が引き起こされ、現在も継続している。このような運動が活発な環太平洋造山帯に属することより、地震や火山活動が活発な地域である。

『理科年表』によれば、我が国の活火山は一一二ケ所記載されている。このうち秋田県内は、十和田・秋田焼山・八幡平・秋田駒ケ岳・鳥海山・栗駒山の六カ所。十和田の噴火記録は、普通の火山爆発、水蒸気爆発、溶岩流～火砕流～火山泥流、延喜一五（九一五）年、大規模噴火、広域に火砕物落下、とある。

十和田火山最新噴火は、十和田湖の御倉半島の陸上爆発で、御倉山溶岩ドームが形成され、有史以来の過去二、〇〇〇年間で我が国で起こった噴火の中で最大規模であった。

この噴火の記録は、延暦寺僧侶によって書かれた『扶桑略記』の延喜一五年条に、次ぎのような記述がある。

（前略）七月五日甲子、卯時、日无暉似月、時人奇之、十三日、出羽國言上而高二寸諸郷農桑枯損之由

延喜一五（九一五）年七月五日（九一五年八月一八日）、遠く滋賀県の延暦寺からも、朝日に輝きがなく、まるで月のようなものだったので、京都の人びとはこれを不思議に思った。一三日（二六日）になって灰が二寸降り積り、桑の葉が各地で枯れたそうだということが出羽国から報告があった、という

被害状況である。この記述から十和田噴火は、ジェット気流の速度から前日の八月一七日にクライマックスが起こったものと考えられる。火山噴出物は主に出羽国側に多く降下した。現在、埋蔵文化財の発掘調査で、地層中のこの火山灰層の存在が年代特定の指標の一つとなっている。

埋没建物遺跡は、当時の建物がそのままその場所に残っており、遺物を埋積している地層や出土品などから埋没年代を推論できる。胡桃館埋没建物と道目木埋没建物の建材のスギ板について、最外輪年を樹木年輪年代法よって年代測定した結果がある。胡桃館埋没建は延喜二（九〇二）年、道目木埋没建物は延喜一二（九一二）年という伐採年代が得られている。建物が埋没した時期は、それ以降ということになる。十和田火山最新噴火は延喜一五（九一五）年であることから、この火山噴出物が豪雨による大洪水となって流出し、盆地内に埋積したのは、それほど遅くない時期。埋没建物の主要材がスギ材であり、耐久年数はせいぜい三〇年から五〇年である。

埋没年代は、各遺跡から検出された遺物からも推論できる。天神遺跡では幣が出土され、アイヌ族の住居の可能性がある。小勝田遺跡では六角柱（干支）や建物が竪穴式住居、機織機部材の出土から八〇〇年代以降である。片貝家ノ下の埋没建物は噴火当時、集落全体が埋めつくされ、建物内に火山灰が堆積している。洪水起源の堆積物である。噴火直後に住居を放棄した可能性が高い。数多くの灯明皿、「寺」と書かれた墨書土器などから噴火前兆の地鳴りや地震の不安から、仏への救いを求めた姿を想像できる。以上のことから、盆地一円を湖水化させる想像を絶する大規模な洪水で、火山噴出堆積物が流出した年代は、九六〇年以降の平安時代前期といえるだろう。

さらに、このような大規模な洪水はたびたび起きている。大披遺跡では机の足に永正八（一五一一）年と記され、洪水に備えたものなのか、長さ二間の舟竿が確認されている。

洪水の伝説

秋田県の最南端、湯沢市雄勝町の秋ノ宮浅萩に「白髭大明神」が祀られている。この白髭大明神が、又右衛門という地元の信者に役内川が大洪水になることを告げたが、これを信じなかった村人は濁流にのみこまれてしまったという洪水伝説である。また、大仙市協和町の荒川で洪水があったとき、白髭の老人が大樹の根に腰かけて濁流を下っていったと伝えられている。白髭の老人は、水の霊が姿を変えてあらわれる、と古来から各地で語り伝えられている。白髭翁の伝説は、岩木川や北上川でもみられる。

白髭大明神は猿田彦神の化身であるといわれる。

白髭老人が濁流の川を下っていく（挿し絵・仁科輝一）

大館市田代町のシンボル、田代岳（標高一、一七八メートル）は、白神山地を構成する主峰の一つで、第四紀（二〇〇万年前〜）の噴出火山（トロイデ火山）。九合目には「田ッコ」と呼ばれる一〇〇を超す池や沼が散在し、田の神として信仰対象の湿原である。頂上の田代神社の神様は「白髭大明神」で、毎年二月一一・一二日の両日に大館市で開催される「アメッコ市」には、白髭大明神が吹雪に身を隠してアメを買いにいく伝統行事が行われている。

鷹巣村（北秋田市鷹巣町）肝煎の成田兵右衛門長元（安永七（一七七八）年〜嘉永元（一八四八）年）の著書『永年記』では、洪水記録として

寛永二乙丑年八月大洪水なり
白髭の老翁の米代川の真中を通り候由
依而是を世上にて白髭水と唱ふなり

とある。寛永二（一六二五）年洪水は、米代川の渦巻く濁流の波面が白髭老人に見たてられ、白髭水と呼ばれたという記録である。

同じく、鷹巣村七日市親郷肝煎七代目の長崎七左衛門（享保一六（一七三一）年〜文政三（一八二〇）年）が、文化一四（一八一七）年の洪水記録として『文化十四年丑六月洪水記録』で、小勝田村で埋没家屋が出現したが、その出土記録の一部に

一、右之家洪水地震山崩にて埋められならは破損すへきに其侭有事大同弐年丁亥　六月廿一日潟の八郎と云うひし異人七倉山の所にて米代川を築込三年阿仁比内一円水底になりし事七倉山天神の縁起に見得たり其年水底に成たる物かといひし人有左も有へきか家内に神前仏前もなく家財は勿論生類之骨の是なきハ早く高き処へ退しものならん是迄家欠出る事三拾四軒之由此度之家の外ハ小屋掛造りのよし外ニ家内に何もなしとそ考に今年迄千拾壱年に当る誠に古今未曾有の事故見聞の侭記置

と、記している。「八郎太郎の伝説」を洪水伝説として、この洪水との関連で考えている。大同二（八〇七）年の洪水を潟の八郎という怪（異）人が七倉山の狭窄部、米代川を堰き止め、三年間にわたって阿仁・鷹巣・比内一円を湖水化させたという、七倉山天神の縁起にみたてている。大同二（八〇七）年の年代記述は、天台宗の慈覚大師伝承や、坂上田村麻呂伝承によく使われる年号。「記録しておくべき出来事の起きた年」という意味合いで、慣例としてこのように記されていることが多い。

『埋没之家居』（菅江真澄・大館市立図書館蔵）

未曾有の大洪水は、自然現象を超越した神の仕業と考え、恐れられた。

小勝田埋没建物遺跡

文化一四（一八一七）年六月五日から一一日の六日間、大洪水によって小勝田村の米代川河岸の崖が崩れ、二・五メートルの地底から樹木や古代家屋二棟が出現した。

小勝田埋没建物の記録は、長崎七左衛門の『文化十四年丑六月洪水記録』のほか、黒沢道形の『秋田千年瓦』、岡見知見の実見録を平田篤胤が『皇国度政考』に残し、菅江真澄が現地に駆けつけ、聞き書きで『埋没之家居』としてスケッチを残している。

長崎七左衛門は、この出現状況を早々駆けつけ、その状況を記録している。家を解体し、使用木材の構造を細かく記述している。いわゆる発掘調査である。その中で、興味ある記述がある。

『文化十四年丑六月洪水記録』

文化十四年丁丑六月五日より同十一日迄日々洪水ニて脇神村枝郷小勝田村地形米代川江欠落其底に家見得候故段々取ほごし右材木取揚候次第左之通

（以下、略）

一、長壱尺三寸余さし渡壱寸四五分六角ニ削り中ふくらにして文字有頭の方ハくひりて釣候

ものと見ゆる文字は十幹を書甲乙の下には木釘有何れも右之通ニて六角ニて八六拾図相分

釘も六拾本なり

（以下、略）

とある。六角に削った四〇余センチメートルの干支を記した木柱がに出土した。平田篤胤は物差し、菅江真澄は蝦夷が使ったイナウの神祭りの道具と考えた。昭和一八（一九四三）年に今村明恒は柱暦の類とする考え方を示している。これと同じような干支を墨書した木簡が秋田城趾で出土している。木簡は七面に削られ、そのうち三面が小勝田遺跡から出土したものと同じ干支である。

この建物の埋没の要因について、黒沢道形は天長七（八三〇）年一月の地震埋没説や洪水説、山崩れ説をあげている。長崎七左衛門は、家屋の外観から当時のままの状況で破損されていないことから地震・山崩れではない。また、家内にあるべき神様・仏様もないので、大洪水を察して避難したのだろうと推察した。

当時の庶民の生活状況や精神文化を知るうえでの大きな手がかりの一つの遺物である。

八郎潟の主に

八郎太郎は、七座山を堰き止めて住みかとすることを諦めた。七座天神様のすすめで米代川を下り海にでて、米代川・雄物川の河口と男鹿島のあいだにある広大な土地を住みかにすることにした。白ネズミよる堤防の切り崩しによる大洪水の流れにのって、一挙に三種町の天瀬川にたどり着く。長者の老夫婦の家に一夜の宿を求めてお願いし、宿泊する。

この地は、三倉鼻で南秋田郡と山本郡の郡境にあたり、北緯四〇度に位置する。「鼻」は端を意味し、

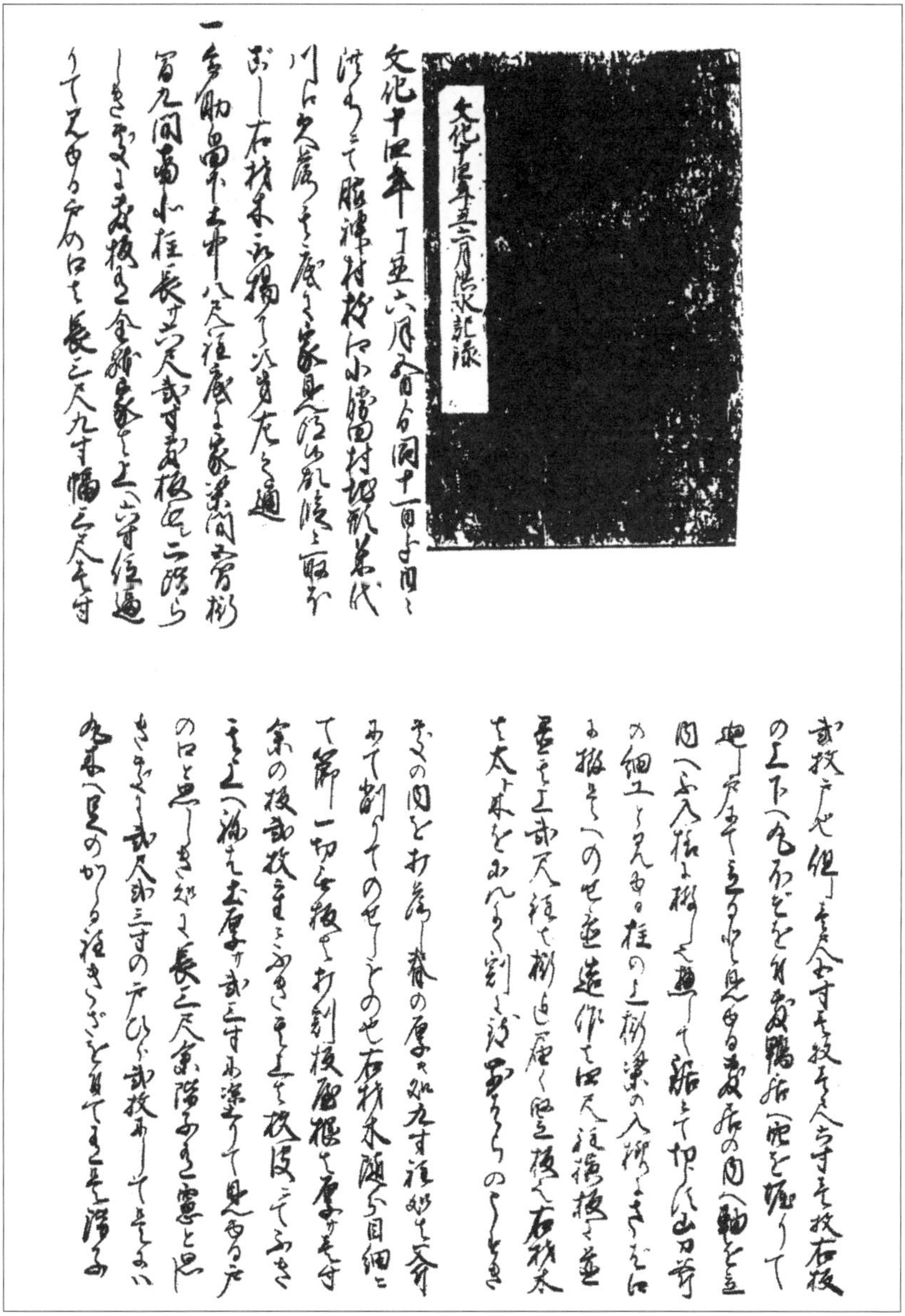

長崎七左エ門著『文化十四年丑六月洪水記録』（古代の謎『埋没家屋』より）

古くは岬のように八郎潟に突きでていた。凝灰岩の風化と八郎潟湖面の波浪浸食作用によって、岬の下は洞窟になっている。洞窟は、修験者の行場であったと伝えられる霊場。ここは、夫殿大権現、夫殿の岩屋とも呼ばれている。

永遠のすみかに、適地なここに湖をつくることになる。親切に泊めてくれた老夫婦に明日早朝、ニワトリが鳴くと同時に、ここは一大湖水となって水没するので早く立ち退くよう教える。準備も十分できていないうち、「コケコッコー」と一番鶏が鳴いた。突然、山々や大地がグラグラと揺れ、裂けた割れ目から水が大量に湧き出て波が押し寄せる。老夫婦は舟に乗り岸を離れようとしたが、老婆は忘れ物の麻糸のヘソ（糸巻・糸ベッツチョ）を取りに家に戻る。湖水は、急速に深くなり、老婆は舟に乗れず、おぼれかかる。それを見た八郎太郎は老婆を足ですくい上げて蹴飛ばし、助かった。老婆が蹴飛ばされたところが三倉鼻の対岸の芦崎。一夜明けると、そこは広大な湖となり、八郎潟が誕生した。八郎太郎の永遠の住みか安住の地となり、湖の主、龍神となった。

夫殿権現（八郎潟町三倉鼻）

老婆と別れた老夫は、嘆き悲しんで暮らしたが、村人の長として慕われ湖の東岸、三倉鼻の洞窟に夫殿権現として祀られた。対岸、湖の西岸、芦崎には老婆を祀った姥婆御前神社があり、忘れ物の麻糸のヘソを手に持った老婆が御神体として祀られている。

また、これとは別の伝説もある。三倉鼻突端の岩窟に修験の父と娘二人が暮らしていた。若武者が現れ、二人の娘は同時に求婚した。困った若武者は、一晩で多くの米を盛った娘を選ぶことにした。妹が大きく盛って若武者と一緒にいなくなる。嘆いた姉は自ら命を絶ち、村人は米盛に埋葬した。大きく盛ったはずの米は糠で盛られたことが分かり、妹は離縁された。姉の悲劇を知り妹も姉のあとを追う。妹は糠盛に埋葬された。娘達の悲運を嘆き悲しんだ父も亡くなり、地蔵盛に埋葬された。この三つの盛を祀った三座(くら)鼻が三倉鼻だといわれる伝説である。

八郎潟の稚名は「琴の湖」と呼ばれていた。八郎太郎と恋仲となる辰子姫(比売)の住む田沢湖との対比で、違う意味での「異(こと)の湖」の変名ではない。

あきもせぬのに　あきた(秋田)のかた(潟)へ　やろか雨水の琴の湖

と、愛の謡がある。八郎太郎が田沢湖から離れて帰る時、辰子姫が、さざ波をたてた音楽を背負って帰り、八郎潟に入る時、琴の音色の波をたたせたからという。

八郎潟の誕生には地震や洪水の歴史が秘められている、といえるだろう。

民間信仰への変化

菅江真澄の『男鹿の秋風』の記述で

この中秋の名月を、八竜の湖《この国のひとは八郎潟ともっぱら呼んでいる。やまたのおろちを祀って八竜の神ととなえ、それを浦に名としたものであろうか》に行って眺めたい希望で、文化元(一八〇四)年八月の十四日、久保田(秋田市)の布金山応供寺を出立……

(以下、略)

船越の埼の八竜の社には八岐の大蛇をまつり、葦埼の姥婆御前とよばれる社には手摩乳を、三倉鼻の老公殿の窟には脚摩乳がまつられていると伝えられる。そのさじきに、酒殿（神供を用意する部屋）のうちに脚摩乳になぞらえた翁がいて、なにやかにやととりまかなっている。このように、翁とおうなが遠い神代の物語（すさのおのみことの八岐の大蛇退治）をまねて、いまの世までも怠らず行なっている神事は、他に類例があるであろうか。

と、ある。スサノオノミコトを助けたクシナダヒメの母であるテナヅチが姥婆御前に、父親であるアシナヅチが夫殿の洞窟に祀られている、と村人が話し丁寧に神事を執り行なっていることを記している。

八郎太郎が、スサノオノミコトという産土神から土地を借りて湖をつくった、という。

湖東八坂神社（潟上市）の例大祭では、スサノオノミコトがヤマタノオロチを退治する神話が再現されている。ヤマタノオロチは、三湖伝説で八つの頭のある姿の八郎太郎と重なってくる。

湖岸の村民は、八郎潟から、農業、漁業など多くの恩恵を受ける。干ばつで水不足の時、八郎太郎は雨をもたらす龍神として、農民から崇拝されていた。

三倉鼻の夫殿権現（脚摩乳の岩屋戸）に雨乞いするときは、他村から牡鶏をもとめ、丑三ツ時に、この洞窟の崖壁に鶏を刀で刺して鶏血を塗りつけると、必ず雨が降るという。その神事の際、鶏が鳴くことがあれば止めて、再度しない。三倉鼻と芦崎では、鶏を禁忌とし、「トリは不吉」なものとして長い間、鶏肉も卵も食することはなかった。この伝承は、男鹿の本山・真山の赤神・山神信仰や、赤鬼・青鬼、ナマハゲに通ずるものがある。鶏を飼うとたたりがあったので、鶏肉も卵も食することはなかった。

全国各地に鶏を忌む神が多い。これは古い神社で鶏を飼ったり、御歳神に白鶏を供える古くからの習慣があったことに関係がある。鶏は神の占有物として、庶民の間では遠慮した習俗がその根底にある。この雨乞いの習慣が最近まで行われていた。十和田湖の魚の禁忌と通じるものがある。

八郎潟の主、八郎太郎を神として崇敬してきた湖岸の漁民は、豊漁と漁の安全を祈願する講中が一四の地域で組織されていた。漁業の衰退とともに平成二四(二〇一二)年を最後に解散された。また、八郎太郎と関係の深い神社、石社、石塔、石碑など三七ケ所確認されている、という。八郎太郎信仰は、潟湖全域に広がりをみせていたが、干拓事業による湖面の縮小、漁業の衰退、残存湖の水質悪化など、社会経済情勢、自然環境の変化などによって、これらの地域文化は衰退の道をたどっている。

八郎太郎の伝説や信仰は、八郎潟の湖潟生成譚、地震や洪水の災害からの自然現象への畏敬、湖岸の地域開発の歴史、精神文化、民俗など、多様な要素を含んだ示唆に富む内容である。平成三〇(二〇一八)年三月、「八郎潟・八郎湖学研究会」が発足した。同研究会でも八郎太郎が一つのキイワードとなっている。今後の活動と成果が期待される。

地震活動

明治四五(一九一二)年一月六日、ドイツのフランクフルトで開催された地質学協会の会合で、『地殻の主要素(大陸と海洋)の成因』と題する講演が、ドイツの気象学者アルフレート・ウェゲナーによって提唱された。その四日後の一月一〇日には、同じドイツのマールブルクの自然科学振興協会の会合で、『大陸の水平移動』という講演も行われた。いわゆる大陸移動説である。大西洋の両側にあるアメリカ大陸とアフリカ大陸などの地形が、ジグソウパズルのように重なり合うのではないのか、というのがヒントであった。この二つの大陸には、過去に大陸がつながっていたことを示す地層や化石、大陸氷河痕の分布などを合理的に説明することができた。

当時地質学は、地球収縮説が指導的原理であった。地球が冷却とともに収縮する。あるところでは陥没して海洋となり、陥没しなかったところが大陸で、収縮による横圧力によって山脈が形成された、という考え方であった。大陸移動説は地球収縮説に対しての挑戦であり、当時は受け入れられることなく大正時代初期（一九三〇年代）まで注目されることはなかった。

その後、大陸移動説を補足するかたちで、アイソスタシー、マントル対流説、海洋底拡大説などが大陸移動説を補完するかたちで提唱された。これらを統合して体系化した理論が確立された。昭和四三（一九六八）年、カナダの地球物理学者、ジョン・トウゾーがプレートテクトニクス理論を提唱したのである。

地球表層部で起こる地震、火山噴火、造山運動など、地学現象の解明やメカニズムを地球表面を覆う硬い板（プレート）の水平運動で説明する考え方。地球表面は厚さ一〇〇キロメートルの一〇枚余りのプレートで覆われている。地球表面を比較的地震の起きない一〇数個のプレート部分とプレート間の境界の地震帯の部分に分けて説明した。海洋の中央海嶺からプレートが離れる。島弧や若い山脈ではプレートが互いに近づき激突し、互いにすべるトランスフォーム現象が起こる。地震発生のメカニズムの解明に大きく寄与した。地震発生のメカニズムは、大きく三つの要因によって分類される。火山噴火にともなう、プレートの境界で沈み込みによる、活断層（第四紀断層）のズレ、の三タイプ。

平成七（一九九五）年一月一七日、活断層の活動による直下型地震の「兵庫県南部地震」（M七・三）が発生した。神戸、洲本で震度Ⅵの揺れであったが、現地調査により淡路島の一部から神戸市、芦屋市、西宮市にかけて震度Ⅶの地域があることが判明した。多くの木造家屋や高速道路などの公共施設が被災した。死者六、四三四名（多くは家屋の倒壊と火災による）、不明者三名、家屋全壊一〇四、九〇六戸など甚大で「阪神・淡路大震災」と呼ばれている。

平成二三（二〇一一）年三月一一日、三陸沖中部から茨城県沖までの日本海溝沿いの沈み込み帯のプレート境界を震源域とする逆断層型巨大地震で、震源の深さは二四キロメートルの「東北地方太平洋沖地震」（M九・〇）が発生した。三月九日にM七・三の前震があった。宮城県栗原市で最大震度Ⅶを記録した。死者一九、六三〇名（九〇パーセント以上が水死）、行方不明者二、五六九名、家屋全壊一二一、七八一戸。巨大津波が来襲した。現地調査の結果によれば、最大約四〇メートルの波高。「東日本大震災」である。

プレート境界型と活断層型の地震では、その揺れかたに特徴がある。「阪神・淡路大震災」では、建物の固有周期は約一・〇秒、地震動の卓越周期が一・〇秒で、いわゆるキラーウェーブと呼ばれる地震波で、多くの建物が倒壊し、火災により全半壊の七、一三二戸が焼失した。一方、「東日本大震災」での主要地震動の卓越周期が〇・五秒で、揺れによる建物への被害は少なかったが、巨大津波の来襲によって多数の犠牲者がでた。

秋田県内での三つの、火山噴火、プレートの沈みこみ、断層活動による代表的な地震は、次ぎのようなものが記録されている。

文化元（一八〇四）年七月一〇日に発生した「象潟地震」（M七・〇）は鳥海山の火山噴火にともなう地震であった。噴火は享和元（一八〇一）年から山頂が大噴火（火山爆発）した。地震によって象潟湖が隆起して乾陸や沼になったのは有名な出来事であった。

昭和五八（一九八三）年五月二六日に発生した「日本海中部地震」（M七・七）は、海洋プレート境界型の地震である。プレートの沈み込みで歪みが蓄積し、限界状態に達すると、プレートが破壊されて歪みが解放される。この地震で巨大津波が発生し、死者一〇四人のうち一〇〇名が津波によるものであった。

文化七（一八一〇）年九月二五日に発生した「文化男鹿地震」（M六・五）は、地殻表層部の地層の歪みが解放された断層活動にともなうものである。この地震により、寒風山を中心に被害があった。

過去の地震活動の記憶

断層活動にともなう地震は、プレート境界型の地震より震域は狭いわりに、震源が浅い傾向にあるため、揺れが大きく被害の程度は大きい。秋田県内での活断層は四三ケ所確認されている。古くから多くの地震被害があり、住民を苦しめていた。

文化七（一八一〇）年「文化男鹿地震」のとき、ちょうど菅江真澄は男鹿に滞在していた。地震の状況を『男鹿の春風』で記録している。以下、要約して

十七日　野村というところに行ったが、ひるごろ大きな地震があった。夕方にもまた少しゆれた。

十八日　きょうも地震を感じた。相川に行って尋ねると、このごろは毎日、地震のいささかもない日はなく、箱井の寺の塔が倒壊した。

二十五日　昨夜から空模様がかわって、海は濁り、星の光も曇り、寒風山は、うす霧のたちこめたように見える。「津波が寄せて来よう、危ない、身に負えるだけのものを背負うたら良い」と、人と話しながら島田（男が鹿半島中央）というところにきた。知っている人が、一、二日とまって様子をみたら、と懇切にすすめてくれる。

二十六日　四方から「鬼節が鳴る」というような、ほのかな底鳴りがどよめいてくる。いよいよ津波が来襲するかと思うと、脇本の浦に行く気もなくなって、もし津波がきたら、この山陰の

里に避難しようなどと不安になりながら、日を暮らした。

二十七日　その日の未のくだち（午後二時過ぎ）、大きな地震がおこった。軒・庇がかたむき、人びとは戸外に逃げまどい、泣き叫びながら病人や老人の手をとり、市籠（乳児をいれておく藁製の籠）の乳児をさかさにかかえて走りまわるものもある。壊れた家では醸（つく）ってあった酒がこぼれ、瓶子・小鉢は棚からころがり落ちたり、板は割けて、梁はすさまじい音をたてて倒れ落ちた。立っているとふり倒され、軒端の山も崩れ落ちるありさまで、生命の危険を感じて、樹にすがり、竹の林にのがれた。ややおさまったころ、みな、こやし塚（堆肥）の上に戸板を敷き、仮小屋をつくったが、また何度となく余震があった。

二十八日　きょうもきのうのように、幾度となく地震がある。ただ揺れに揺れ、地鳴りがひびいて、よどおし眠れないままに明けていった。

二十九日　なお地震はおさまらない。人が来て語るのを聞くと、村はずれの家はことごとく倒れ伏し、あるいは傾き、多くの人びとが死傷したという。とりわけ脇本・船越などの家は、すっかり倒れてしまい、このあたりを前郷というが、その南の浦（男鹿半島南海岸）は、わけても地震は強かったようだ。北の浦（半島の北海岸）では震災のなかったところもあったという。各地で死亡者は多く、かろうじて命をとりとめた者も、手足に負傷し、馬などは腹は裂け脚が折れて死んでいるさまは見るにしのびない。大変な騒動である。

文化元（一八〇四）年六月のころ、鳥海山の大噴火で、有名な象潟の浦も埋もれ、潮越の家々は倒れ、大ぜいの人が死傷という話に、魂も身にそわない思いがしたが、このたびは眼前にこの悲惨なありさまや人の嘆きをみて、世の中がうとましく思われた。

これは寒風山が石山で、その石は青黒い色をして皀礬の気がある。妙見山の温泉もその味がからく、緑蓄はすでに出て、旧湯本の沢には青礬の色の石が多い。それで、土中の緑礬がむされてわき出ようとするところから地震がおこるのであろう。寒風山の塔の峯のあたりは陥没して落ち窪になったようである。妙見山の温泉は止まり、逆に笠矢の埼では、いっそうわきでるようになった、と人が語った。

地震はなおもしずまらず、仮家住居をして、田畑の仕事も手につかないので、貧しいものは飢えに迫られたが、奈良某という人がたくさんの米をほどこし、藩庁でも救援の手をさしのべた。こうして、ようやく十月になったが、なお地震はつづいた。寒風山の麓に卒塔婆をたて、地震で死んだ人たちの霊をまつる供養が行われた。

とあり、地震の被害状況を伝えている。

男鹿半島の東半分が五月ころから鳴動し、七月中旬から地震が頻発している。そのことを菅江真澄は、牝鹿が鳴くのは時季でもなく、不思議である。今季は蛍の生息はまれで、蝿もいない、と地震の前兆現象について観察している。二七日に大地震、寒風山を中心に被害があった。『理科年表』によれば、寺社を含めて全潰家一、〇〇三戸、死者五七（一六三とも）名で、青森・山形両県の日本海側の地域でも有感した。六年前の「象潟地震」につづき、その惨状を嘆いている。局所的な群発地震としては約半年と、かなり長期間続いた。

当時、震源域はどこか不明であったであろうが、二〇〇年以上前のこのころには「地震が起きれば津波が襲ってくる」ことが経験的に伝承されている。地震による地殻変動によって温泉の泉源に変化が見られた。妙見山の温泉は現在の湯本温泉。湯本断層に沿って湧出する炭酸泉で、その味はからい。湯本

秋田県内の主要地震

西暦（日本暦）年月日	北緯	東経	マグニチュード	地震名	下段：被害概要
830.2.3（天長7.1.3）	N39.8°	E140.1°	M7.0～7.5	『天長の地震』	出羽：秋田の城郭・官舎・寺社悉く倒れる。家屋も倒潰し、圧死者15名、負傷者100余名。地割れ多く、河岸の崩れや川の氾濫があった。
850. .（嘉祥8. . ）	N39.0°	E139.7°	M7.0	『嘉祥の地震』	出羽：地裂け、山崩れ、国府の城柵は傾頽し、圧死者多数、最上川の岸崩れ、海水は国府から6里のところまで迫った。
1644.10.18（正保1.9.18）	N39.4°	E140.0°	M6.5		羽後：本荘城郭大破し、屋倒れ、死者があった。市街で焼失多かった。金浦村・石沢村で被害。院内村で地裂け、水が湧出した。
1694.6.19（元禄7.5.27）	N40.2°	E140.1°	M7.0		能代付近：42ケ村に被害。特に能代は壊滅的打撃を受けた。全体で死者394名、家屋崩れ1273戸、焼失859戸など、秋田・弘前でも被害、岩木山で岩石崩れ、硫黄平に火を発した。
1704.5.27（宝永1.4.24）	N40.4°	E140.0°	M7.0		出羽、津軽：能代の被害が最大。被害家屋1193戸のうち倒潰435戸、焼失785戸、死者58人、山崩れ多く、十二湖を生じた。岩館付近の海岸で最大190cm隆起。弘前でも城・民家などに被害があった。
1804.7.10（文化1.6.4）	N39.05°	E139.95°	M7.0	『象潟地震』	出羽、羽後：5月より付近で鼓動があった。被害は全体で潰家5000戸以上、死者300名以上。象潟湖が隆起して乾陸あるいは沼となった。余震が多かった。象潟・酒田などに津波の記録がある。
1810.9.25（文化7.8.27）	N39.9°	E139.9°	M6.5		羽後：男鹿半島の東半分5月頃より鳴動し、7月中旬から地震が頻発。27日に大地震。寒風山を中心に被害あり。全潰1003戸（寺を含む）死者57名（163名とも）。秋田で強く感じ、角館・大館・鯵ヶ沢・弘前・鶴岡で有感。
1896.8.31（明治29）	N39.5°	E140.7°	M7.2	『陸羽地震』	秋田県東部：仙北郡・平鹿郡、岩手県の西和賀郡、稗貫郡で被害が大きく、両県で全潰5279戸、死者209人、川舟断層・千屋断層を生じた。
1914.3.15（大正3）	N39.5°	E140.4°	M7.1	『仙北地震』	秋田県南部：仙北郡で最もひどく、全体で、死者94名、家屋全潰640戸、地割れ、山崩れ多かった。
1914.3.28（大正3）	N39.2°	E140.4°	M6.1		秋田県南部：『仙北地震』の最大余震。沼館町で家屋全潰数戸。
1939.5.1（昭和14）	N39.9°	E139.8°	M6.8	『男鹿地震』	秋田県沿岸北部：2分後にもM6.7の地震があった。半島頸部で被害あり、死者27名、住家全潰479戸など、軽微な津浪があった。半島西部が最大44cm隆起した。
1955.10.19（昭和30）	N40.3°	E140.2°	M5.9	『二ツ井地震』	秋田県沿岸北部：被害は二ツ井町・響村に限られ、負傷4名、住家半壊3戸、非住家全壊1戸、非住家半壊310など
1964.5.7（昭和39）	N40.4°	E138.7°	M6.9		秋田県沖：青森・秋田・山形三県に民家全壊3戸などの被害があった。
1964.6.16（昭和39）	N38.4°	E139.2°	M7.5	『新潟地震』	新潟県沖：新潟・秋田・山形の各県を中心に被害あり。死者26名、住家全壊1960戸、半壊6640戸、浸水15279戸、その他船舶・道路の被害も多かった。新潟市内の各所で噴砂水が見られ、地盤の液状化による被害が著しかった。石油タンクの火災発生。津浪が日本海沿岸一帯を襲い、波高は新潟県沿岸で4m以上に達した。粟島が1m以上隆起した。
1983.5.26（昭和58）	N40.4°	E139.1°	M7.7	『日本海中部地震』	秋田県沖：被害は秋田県で最も多く、青森・北海道がこれに次ぐ。日本全体で死者104名（うち津波によるもの100名）、負傷者163名（同104名）、建物全壊934戸、半壊2115戸、流失52戸、一部損壊3258戸、船沈没255艘、流失451艘、破損1187艘。津波は早い所では津波警報発令以前に沿岸に到達した。石川・京都・島根県など遠方の府県にも津浪による被害が発生した。

の温泉はでなくなり、逆に笠矢の埼の温泉は旧湯では温泉が湧きでた。

貧民は家を失い、飢えに苦しむ惨状であったが、この被災を知った奈良喜兵衛（秋田市金足村小泉）は、七〇〇俵の米を拠出。藩でも米二、〇〇〇石、銭八、〇〇〇貫をもって村民の救援にあたった。奈良家は、県内屈指の豪農で金足小泉には、九代目が宝暦年間（一七五一～五九）に建てられた旧奈良家住宅がある。秋田県の代表的な上層農家建築として県重要文化財として指定されている。

一〇月には、死者追善のために寒風山の南麓の梨木台に供養塔を建立し、霊をまつる供養、大施餓鬼が行われた。塔には「變死亡霊供養塔」と刻まれた。現在「地震塚」として、男鹿半島を襲った地震の供養碑や復興記念碑、冷害の飢饉による犠牲者の供養碑など五基の石碑が並んでいる。最も古いものが、文化七（一八一〇）年九月二五日「文化男鹿地震」の供養碑である。

地震の原因について菅江真澄は、次ぎのような見解を示している。寒風山は花崗岩の石山で、その石は青黒い色をして、皀礬の気、苦みが抜けて温泉成分はない。湯本温泉の味はからい。その味がからくとは、温泉は炭酸泉であり、温泉の味が辛苦いことを意味する。すでに岩脈の青蕃が変質して緑蕃が出ている。一方、旧湯本の沢には青礬の色の石が多い。地層中の緑礬が熱水の接触によって蒸されて、温泉水として噴きだそうとする現象が地震が起こると推定している。皀礬・緑蕃・青礬は、鉱物学的には硫黄第一鉄を含み、染料などに用いられる鉱物。地震によって、温泉水脈が変化しし、温泉の湧きでる圧力変化に注目した考察である。

この地震は後年、鮎川断層、払戸断層の活動が震源であったことが明らかとなった。

昭和一四（一九三九）年五月一日午一四時五八分、男鹿半島中央部北方沿岸を震源域とする長さ三〇キロメートル、幅一五キロメートル、震源の深さ二キロメートル、M六・八、震度Vの第一震の地震が発生した。その二分後には第二震がM六・七、震度Vの地震であった。さらに、一〇時間後の二日一時五分には、M六・五、震度Ⅳが発生している。いわゆる「双子地震」である。この地震は「男鹿地震」と呼ばれる。この地震によって、男鹿半島西部の陸地で最大四四センチメートル隆起した。『理科年表』によれば、死者二七名、住家全壊四七九戸、軽微な津波が確認されている。公共施設も甚大な被災を受けた。幹線である船越・船川間の道路、鉄道が不通となり、秋田県が組織した救済委員会では、飲料水やパンを船で輸送した。

藩政時代、村民のあいだでは「地震がくれば津波もくる、山はあぶない」という伝承が常識としてあたり前に根づいていた。しかし、この男鹿地震で、幼い少女が山へ逃げる途中、落石によって尊い命を落とし、大きく新聞報道された。津波は軽微であったことから、「地震がきても津波はこない」、「山はあぶなくない」というふうに変質し、津波の伝承は逆転した。昭和五八（一九八三）年五月二六日に発生した「日本海中部地震」（M七・七）では、「地震がくれば津波もくる」の伝承が生かされなかった。この震災で死者一〇四名のうち、一〇〇名の方々が津波によって命が奪われた。

八郎湖の水質

八郎潟の干拓事業は昭和五二（一九七七）年に完成し、一七、二〇三ヘクタールが陸化された。干拓事業によって潟の南部に残った調整池、「八郎湖」の水質問題に触れておきたい。

地球上には、およそ一四億キロ立方メートルの水が存在する。この水のうち、地球表面の七〇パーセントを占める海に、全量の実に九七パーセントが海水としてある。淡水は全量のうち、わずか三パーセントにも満たない。そのうち、万年雪や氷河がある。したがって、利用可能な河川水や湖水・地下水の淡水は地球全体のわずか〇・八パーセント程度ということになる。淡水は、無尽蔵ではなく有限の水資源である。

海洋表面では降水量にくらべて蒸発量が一割ほど多い。海からの蒸発によって、この過剰な水蒸気は上昇気流などによって雲となり、大気を通して陸域に移動する。この水蒸気は降水となって地表に到達し、やがて海にもどっていく。このように水は、海域、大気圏、陸域をめぐって循環している。

大気中の水蒸気が雲の形をとるのは、水蒸気が凝結核と呼ばれる微細な粒子のはたらきによる。一方、雲から雪の結晶が降ってくるのは、結晶核と呼ばれる微細な粒子のはたらきで、温度が摂氏〇度以下になると雲の中で雪の結晶が成長するからである。もし、凝結核や結晶核がなければ、大気中に含まれる水蒸気は非常に高い過飽和状態のまま存在し、水蒸気が氷や雪になるのは地表面だけとなる。このように、雨や雪などの降水現象によって水は活発に循環し、大気中の水が効率よく陸域に輸送されている。

地球表層付近の水の循環をとらえる場合、リバーサーという概念がある。水は、海域、大気圏、陸域を、気体、液体、固体の三態で相を変えながら移動している。しかし、水は一時的に留まる場をもっている。これがリバーサーと呼ばれる。リバーサーの量を移動量で割った値、言い換えれば水の滞留時間について、各リバーサーで比較すれば次の通り。海洋水の現存量と海洋への河川流入量から割りだした滞留時間は三、七〇〇年。河川・湖沼では〇・九四年（三四三日）。大気では〇・〇三四年（一二日）である。大気中の水の賦存量と海域・陸域表層付近からの蒸発量から算出される大気中の水の滞留時間は、一二日となる。つまり、大気中では、平均一二日ごとに水が入れかわっており、海域にくらべて極めて速く循環している。

水は他の物質とくらべて、特徴ある性質をもっている。潜熱（比熱が大きい）、溶解作用（電解質）、侵食作用（運搬）などである。

潜熱は、物質の状態を変えるのに必要な熱量をいう。摂氏〇度の氷（固体）を摂氏〇度の水（液体）に変えるには、一グラムあたり八〇カロリーを必要とする。摂氏一〇〇度の水（液体）を同じ温度で摂氏一〇〇度の水蒸気（気体）に変えるには五四〇カロリーの熱量が必要となる。温度が変わらないで、物質の状態が変わるための熱量が潜熱と呼ばれている。地球表面をマクロ的に見れば、表面の七〇パーセントが平均水深三、八〇〇メートルの海洋で覆われている。この水のもつ大きな比熱や潜熱のはたらきもあって、地球の平均気温は摂氏一五度に保たれている。このため、水は気体（水蒸気）、液体（水）、固体（氷）の三態がとれる温度範囲になっている。もし、大気中に水蒸気がなければ、地球の平均気温は摂氏マイナス一八度となる。有効放射温度の摂氏一五度との差は、放射平衡や温室効果などによるものである。一方、宇宙から地球をみると、水蒸気や雪、氷は白い。太陽光をよく反射し、逆に地球を寒冷化する役目も果たしている。この惑星反射率（アルベド）は、地球全体で三〇パーセントといわれている。

水は物質をよくとかす性質がある。溶解作用と呼ばれる。電解質は、物質が水にとけたとき、イオンに解離して電気伝導性を与えるような性質である。さらに、タンパク質もよくとかす。水分子の特性から、水一リットルとアルコール水一リットルを混ぜ合わせると二リットルにはならず、約一割少ない体積となる。これらの性質は水分子の構造に起因している。水分子はO—Hをもっているので、親水性グループ分子をもった化合物は水によくとける。電解質が水にとける機構は複雑であるが、水分子に正・負の偏りを有する極性があることが重要な因子とされる。水と物質の解離作用を促進させる場合、たとえば布の目が水を通りやすくするためには、水の表面張力を下げればよい。これは界面活性と呼ばれて

指定湖沼の水質（COD）

環境基準点の年平均値　単位：ｍｇ／Ｌ）

湖沼名		類型	1985	1990	1995	2000	2005	2010	2011	2012	2013	2014	2015	2016
釜房ダム		ＡＡ	1.9	3.8	2.3	1.9	2.3	2.5	2.4	2.2	2.4	2.7	2.8	2.3
八郎湖		Ａ	5.7	-	6.9	8.5	7.5	7.5	7.2	8.5	6.3	7.0	7.9	8.0
霞ヶ浦	西浦	Ａ	8.1	7.8	9.0	7.6	7.6	8.2	8.1	7.5	6.6	6.6	7.8	6.8
	北浦	Ａ	8.6	7.3	7.4	9.2	7.7	9.1	8.0	8.3	7.3	7.5	8.9	7.8
	常陸利根川	Ａ	8.1	7.6	8.1	8.3	7.4	9.2	8.5	8.0	6.7	7.3	8.3	7.2
印旛沼		Ａ	11.0	9.2	12.0	10.0	8.1	8.9	11.0	11.0	12.0	11.0	11.0	11
手賀沼		Ｂ	24.0	18.0	25.0	14.0	8.2	8.9	9.3	9.6	9.5	7.6	8.1	8.6
諏訪湖		Ａ	5.1	6.9	5.1	6.0	5.7	4.5	4.0	4.9	5.9	5.0	4.7	4.4
野尻湖		ＡＡ	1.7	1.4	1.4	1.8	1.6	1.9	1.9	2.0	2.0	2.1	1.9	2.1
琵琶湖	北湖	ＡＡ	2.1	2.3	2.5	2.6	2.6	2.6	2.5	2.6	2.4	2.4	2.5	2.6
	南湖	ＡＡ	3.0	3.3	3.1	3.2	3.2	3.7	3.3	3.7	3.1	3.1	3.2	3.3
中海		Ａ	3.6	4.2	4.6	5.0	4.2	308	3.4	3.6	4.0	3.4	3.7	3.7
宍戸湖		Ａ	3.5	4.8	3.9	4.5	4.5	5.1	5.1	5.3	4.9	4.1	4.3	4.4
児島湖		Ｂ	10.0	10.0	11.0	8.2	7.5	7.6	7.6	6.9	6.7	7.3	7.0	7.1

類型：湖沼水質保全特別措置法に基づき、湖沼の水質環境基準を保つために特に相互的な施策が必要として指定された湖沼
環境基準値（ＡＡ：１ｍｇ／Ｌ以下、Ａ：３ｍｇ／Ｌ以下、Ｂ：５ｍｇ／Ｌ以下）

いる。洗濯用洗剤には、この界面活性剤が含まれている。この作用で洗濯物のヨゴレを落とし、きれいにする。この界面活性剤も生活排水として水質汚濁の原因の一つである。水が物質にふれると、とかす性質がり、ある一定量以上の濃度が水にとけ込んだ場合に水質問題が発生する。

水はニュートンの法則により高いところから低いところに移動（運搬）する。水にとけ込んだ物質はイオンに解離した状態で移動する。さらに、移動する際に物質を削りとる侵食作用がある。豪雨による火山噴出物の泥流や、雨水と山体斜面が崩壊して流下する土石流。固体として移動する場合、比重が軽いものは浮体して水と一緒に流れくだる。粒径の大きい玉石や砂利は河床を転がるような掃流、小さいものは浮遊して運搬される。

八郎湖のような閉鎖性水域の強い湖沼では、水質問題が発生することが多い。その要因は大別して、湖沼に流入する水量と水質、湖沼の形状をあげることができる。流入する水質が良くないと水質は当然ながら悪化する。水質の指標には、河川の場合はＢＯＤ（生物化学的酸素要求量）、湖沼の場合はＣＯＤ（化学的酸素要求量）で判断される。また、アオコ

の発生要因となる栄養塩類物質の窒素やリンの寄与も大きい。湖沼の形状も大きく関与している。湖沼の総貯水容量に対して年間総流入量の割合の年回転率、湖沼表面付近の鉛直温度分布の特性も大きい。湖沼への流入水量と湖沼形状特性は固有の因子である。年回転率の寄与も大きい。湖沼水の滞留時間である入れ替わりが速いほど問題は少ない。アオコの発生など富栄養化現象は、夏季に表層水温が上昇して躍層が発生し、溶存酸素が不足する浅い水深の場合、その影響が大きい。このような要因が重なって、アオコの発生など、八郎湖の水質問題が発生している。

全国に、水質の環境基準を保つための湖沼は、一一ケ所、一四地点ある。湖沼水質保全特別措置法に基づき、環境基準値の年平均値のＣＯＤを示した。

ダム湖の事例などから、年回転率は一〇以上の場合は富栄養湖になりにくい。富栄養化やカビ臭の発生を抑制するには、貯水池の鉛直水温分布を酸素注入（泡）により攪拌し、表層水温を摂氏一五度未満にすれば効果がある。ヨシやアシ、マコモなどの水生植物により、栄養塩類の窒素やリンを吸収させ、水質改善をはかる効果は認められるが、冬季に枯れて腐食すると、逆に栄養塩類は溶出する。

流域で水を利用するということは、水を汚濁することにつながる。八郎湖の水質改善は、流入する汚濁された水質をいかに清浄化するのか、そこにかかっている。

一ノ目潟の悲恋

八郎潟を安住の地とした八郎太郎。一ノ目潟に住む女潟姫に恋をするが、相性悪く、成就することはなかった。

男鹿半島西側には男鹿目潟火山群として、三つの目潟火山と戸賀湾火山がある。八万年前から数万年前にかけて、三つの目潟と戸賀湾が出現した。いずれもマールと呼ばれる火山。水蒸気爆発により一度の噴火で火口が出現し、その後、地下水が火口を満たし湖となった。一ノ目潟の噴出物には、地下深くにあるカンラン岩があり、地球内部の構造を知ることのできる貴重な岩種が存在する。戸賀湾は、四二万年前の噴火活動で誕生し、火口の西半分が波浪によって浸食され、現在は入り江の戸賀湾となっている。

八郎潟は、冬季間は厚く氷結してしまうため、身を隠すかわりの住みかが必要となった。そこで目をつけたのが、男鹿市北浦西水口の一ノ目潟であった。一ノ目潟は水深がふかくて凍らないので、冬がくると一ノ目潟に移り住んだ。はかりしれない深さで、岸には赤岩が一つある。この潟湖には、鯔（ボラ科のメダナ）、せぐろ（マルタウグイ）、ばこ（ウリゴリ）という魚が多数生息していた、という。

この一ノ目潟、女潟には、もともと主である女神の大蛇神、女潟姫が住んでいた。冬季に通ってくる八郎太郎とは相性が悪く、好きになれなかった。そこで、女潟姫は北浦の山王社の神職、武内弥五郎真康に、八郎太郎を追い払うことができれば雨を降らせると約束し、頼みこんだ。武内家は、京都出身の紀氏を先祖とする弓矢の名人の血筋をひく家柄であった。真康が潟のほとりの三笠の松から矢を放つと、空は暗い雲が立ちこめ、突風が吹き、雷鳴がとどろいた。矢は、寒風山の上から雷鳴に乗った大蛇、八郎太郎の左目に、あやまたず突き刺さった。が、八郎太郎は、その矢を投げ返し真康の左目に刺さったという。矢を放ったたたりとして、家系は以後、七代まで左目が不自由であったといわれるが、史実とは異なっている。

八郎太郎が八郎潟から女潟姫の元に通う際、途中、定宿したとされる家があったという。男鹿市北浦野口の嶋宮家である。八郎太郎が手足や顔を洗ったと伝えられる井戸があった。宿先で寝姿を見ないよう忠告したが、家主がのぞいてしまったため、それ以来、立ちよらなくなった、という。

一ノ目潟に八郎太郎の霊が祀られたたのは、このためだという。祀られた祠は、明治四五（一九一二）年、真山神社に合祀され、一ノ目潟での八郎太郎の存在は次第に薄れていった。今も、山王社の宝物となっている放された矢じりは、鉾のようであると、三寸五分と九寸二分の寸法をもつ鏃を描いている。女潟姫との悲恋で、実在の人物が伝説として登場して結びつけたのは、八郎太郎のたたりを、より強調し、その威厳を誇張するためといえるだろう。

一ノ目潟で、武内弥五郎真康が弓矢を放つ伝説は、潟の生成過程に関係があるようだ。水蒸気爆発による噴火は一瞬の活動である。火口にあった山体の岩石は、こなごなに砕け遠くまで飛び散る。溶岩のように周囲には残らない。爆発の飛び散る岩石と矢じりが重なりあう。マールと呼ばれる火山口の潟は、底知れぬ深さで神秘的である。田沢湖の噴火活動で、容積分の火山噴出物がどこにいったのか不明で、解明されていないことと、ある意味で通ずるものがある。

田沢湖畔の辰子姫像

八郎太郎の女潟姫への思いは成就することはなかった。田沢湖の辰子姫との恋仲になったのは、その後のことである。

辰子姫との恋の成就

田沢湖の主の辰子姫は、永遠に失われない美しさを求め、祈願して蛇身、龍神に化った若い女性だったといわれている。田沢湖の呼称は明治時代になって定着した。それ以前は、田沢の潟、辰子潟、相内潟などと記録されている。古名は「田沢村の潟」。アイヌ語のタブコブの盛り上がった円頂の丘である、これが命名の由来とされている。

辰子姫は、西木村（仙北市）神成沢に生まれ、年頃になり、たぐいまれな美人であった。永遠の若さと美しさを求め、神成沢と田沢湖の中間にある大蔵観音に毎晩願掛けをした。満願成就の夜、観音様から田沢湖のほとりの泉の水を飲めば願いが叶う、というお告げを受ける。「潟頭の霊泉」といわれる泉の水飲んだところ、異様に喉が渇き、飲み続けた。そのため龍の姿に変身し、田沢湖の主として暮らすことになる。母は悲しみ、泣く泣く別れを告げる。その怨みに辰子姫を想って、松明を水の中に投げて立ち去った。その燃え残りが魚の姿となる。これが、田沢湖の固有種のキノスリ鱒（黒鱒）、別名クニマスである、という。

八郎潟の主、八郎太郎、十和田湖の主、南祖坊は、いずれも雄蛇である。両者は田沢湖の主、辰子姫の牝蛇を妻争いをし、闘争は熾烈を極めた。南祖坊は八郎太郎を海に押し流そうと画策するが、八郎太郎は、雄物川と米代川から流れ出る土砂を運んで堤を固めて守りぬいた。一方、八郎太郎は十和田湖攻めを敢行し、南祖坊は中海の大凹地に身を潜て身を守る。両者は、田沢湖の入り口で最終決戦となる。八郎太郎には八龍に化する秘術をもっており、八方からキノスリ鱒を投げつけた。南祖坊は全身に焼けどのような傷を負い、十和田湖に逃げ帰り、二度と田沢湖には姿を見せることはなかった、という。

毎年、八郎太郎が田沢湖にやって来る途中、秋田、仙北などの宿屋に立派な身なりをした旅人の姿に変身し、宿を求めた。西木村（仙北市の田沢湖の近隣）西明寺には、決まって旧暦一一月に投宿した。家主に、部屋は絶対覗かないように忠告したが、老婆は覗いてしまった。部屋にはドクロを巻いた大蛇の姿で寝ていた。八郎太郎である。その後、この宿には二度と投宿することはなく、宿屋と老婆は大洪水により押し流された、という。

秋、彼岸のころ、八郎太郎は田沢湖にやって来る。そして、春、彼岸のころに八郎潟へ帰って行く。辰子姫は八郎太郎を最大限のもてなしで迎える。透明度最大級の深い湖底に招き入れ、一一月一〇日に交会し最大限の悦びを与え、その後、春彼岸まで冬眠のため同棲する。留守の間、八郎潟は結氷し、次第に水深は浅くなる一方、田沢湖は深くなっていった、という。

　蛇の居る穴の底まで彼岸かな　　あたたかさ穴にみちては蛇の面

めでたく、八郎太郎と辰子姫の恋愛は成就する。同じ境遇であるがゆえに惹かれあうところがあったであろう。

秋田三湖物語は、十和田湖の南祖坊、八郎潟の八郎太郎、田沢湖の辰子姫が登場する。神秘的な大蛇伝説で物語が構成されている。その背景には、十和田霊山、米代川沿岸の霊場、男鹿半島の本山や寒風山など八郎潟周辺の修験者など、その威厳や勢力争いが見え隠れする。自然災害の火山噴火、土石流、洪水、地震など、歴史上の史実をたくみに挿入されている。さらに、干ばつに苦しむ地域開発について、開拓人の伝承や歴史も混在している。人生の悦びでもある恋愛について、辰子姫という美姫龍神をめぐる争いで仕立てあげられ、興味をそそる。

この意味で、秋田三湖物語は、秋田県内の大地創世の過程、古来から人びとの精神文化や営みについて、広域的で壮大なドラマである。地域学という視点から、地域力を知る格好な教材でもあるだろう。

Ⅷ　北緯四〇度の自然環境

日本海の存在

日本列島は、今からおよそ二、〇〇〇万年前にユーラシア大陸の東縁が東西に引き裂かれ、地殻が大陸から分裂した。その裂け目は海に達し、そこに海水が入り込み日本海が誕生した。次第に大陸と日本列島の間で海底はゆっくり拡大し、一、五〇〇万年前ころに日本海の拡大は終わり、日本列島の原形ができた。日本列島がアジア大陸東縁からなぜ引き裂かれたのか、諸説ある。「アセノスフェア」と呼ばれる高温で柔らかく巨大で南北に長い帯状のマントルが大陸地下に噴出し、地殻を押し上げて東西に裂かれた、というのが有力である。

樺太から日本列島に沿って、「日本海東縁変動帯」という地震多発地域が帯状に連なっている。現在も地殻変動は継続している。この地域では、北海道南西沖地震（M七・八）、日本海中部地震（M七・七）、庄内地震（M七・〇）、新潟地震（M七・五）、新潟県中越地震（M六・八）、新潟県中越沖地震（M六・八）などが発生している。

日本海は、アジア大陸と日本列島に囲まれた太平洋の縁海にあたる。外海とは対馬海峡（東シナ海）、津軽海峡（太平洋）、宗谷海峡（オホーツク海）とつながっている。表面積がおよそ一〇一万平方キロメートル、平均水深約一、三五〇メートル。日本海北部には日本海盆があり、最大水深三、七〇〇メートルと深い。日本、朝鮮半島南部の沿岸では大陸棚が発達している。

日本海に流れこむ海流は、対馬暖流（黒潮起源）とマリン海流（親潮起源）がある。太平洋上で時計回りの亜熱帯循環の西岸境界流の黒潮から派生したものが対馬暖流と呼ばれる。東シナ海を北上し対馬海峡を経て日本海に突入する。太平洋北部で反時計回りの亜寒帯循環から派生した寒流がマリン海流。シベリア沿岸を南下し宗谷海峡を経て日本海に流れ込む。

海水面は日射の影響を受けて気温に近い温度であるが、深くなるにつれて水温は低下し、水深一、〇〇〇メートルより深くなると季節や場所に関係なく、摂氏二度で一定となる。海水は上下の混合が起こりにくい性質がある。温度の低い重い海水のうえに、温度の高い軽い海水がのっている。それにもかかわらず世界中の海水で攪拌混合が起こっている。海水の密度は、温度だけでなく塩分濃度にも支配される。南極や北極地方で海氷が形成される際、塩分が排除されるので重い海水が生成される。極地方の冷たくて重い海水は、深海に沈み込み、世界の深海に分配される。深層水は水平に進みながらもゆっくりと上昇する。上昇速度は一日一センチメートルで、水面に上がるまで一、〇〇〇年程度の時間がかかるといわれている。この現象も熱塩循環と呼ばれる。

日本海の表層は、北緯四〇度付近を境に南部と北部では、その特性が異なる。南部の表層は、東シナ海の大陸棚斜面を流れる黒潮を主な起源とする。このため、流入する水温は暖流で、高温・高塩分濃度の海水である。一方、北部の表層には対馬暖流より低温・低塩分、栄養塩類を多く含んだ海水が広がる寒流である。暖流と寒流が男鹿半島沖合で混じりあい、良好な漁場を形成し、魚種も多い。

日本海全体の八五パーセントを占める低層部には、「日本海固有水」と呼ばれる水塊が存在する。三〇〇メートル以深に、水温は摂氏〇〜一度、高塩分濃度のほぼ均質な海水である。隣接する太平洋とつながる海峡の水深は、おおむね五〇〜一四〇メートル程度と浅い。このため海水交換は表層に限られる。海底地形の特性から、孤立した水塊として分布している。この固有水は、冬季になると表面で強い冷却を受けて密度が大きくなった海水が沈み込むことによって形成される。これも熱塩循環である。

このように、日本海は隣接する海域に続く海峡の水深が浅く、閉鎖性が強い海域。熱塩循環も他の海域より頻繁で、全海域の一〇倍の速さで起きている。このため、人為的営為に起因する地球温暖化や海洋汚染などの環境変化に敏感に反応する海域とされるゆえんである。世界中の海でこれから起こるであろう環境変化の先例として、警鐘を鳴らす海域である。

対馬海流の流入による暖流化は、表層部だけである。冬季は、シベリア高気圧から吹きだす北西の季節風が強く、冬将軍の寒気団が日本列島に来襲する。この季節風に対し、日本海はその冷気をやわらげ、湿度を与えて列島の気候を温和化する。一方、暖かい海面から蒸発する水蒸気は、寒気の北西季節風にのって上昇し、沿岸部や山岳地帯での降雪の要因となっている。

地形の特徴

地形発達史から見ると奥羽脊梁山脈は、およそ今から二、〇〇〇万年前の新生代第三紀中新世のころ、造山運動による陸化や相対的な海面の低下により骨格の原形ができあがった。東の秋田・岩手県境には一、〇〇〇メートルを超す奥羽脊梁山脈が連なって南北方向に縦走。一方、出羽山地が西の日本海側に断続的ではあるが、平均標高四〇〇メートルと低いが、南北方向に奥羽脊梁山脈と並列に配列されている。秋田県内の二本の高連山は、縦構造であることが特徴。

東北地方日本海側の内陸盆地を概観すると、奥羽脊梁山脈と出羽山地などの間には、主なものとして北から弘前盆地・大館盆地・横手盆地・新庄盆地・山形盆地・米沢盆地・会津盆地がほぼ南北方向に弧状に配列されている。これらの盆地の地形的特徴は、新第三紀中新世後期に隆起しはじめた奥羽脊梁山脈の背斜部と、第三紀鮮新世後期以降に隆起した出羽山地背斜部などの成長と、それらに斜行する基盤変動地塊の規制によって形成された。この二つの山系の存在が雄物川や米代川の流れ、周辺の盆地、平野など、その形成過程に大きく影響を及ぼし、現在の地形を決定づけた。

これらの山系に連なる山々の岩質は、新第三紀中新世の海成堆積物の凝灰岩、安山岩、玄武岩質安山岩の溶岩を主体とする日本海側グリーンタフ（緑色凝灰岩類）の地層が基盤を構成している。海成堆積物が主体で固結度が低い。浸食されやすい地質のため、沢や川が山深くまで切り刻まれて複雑に変化に富んだ地形を呈している。

奥羽脊梁山脈から続く焼山、太平山、馬場目岳などの連山は、県中央部の沿岸部で東西方向に張りだして県南部と北部を分ける境界の障壁となり、分断している。さらに細かくみると、馬場目岳から森山、高岳山、三倉鼻と連なる低山の嶺が八郎潟東岸に張りだして、県中央部を分断している。ここが南秋田郡と山本郡の境界にあたり、北緯四〇度に位置する。地形から見た秋田県は、概観して南部、中央、北部、あるいは内陸部と沿岸部に大別できる。

南北方向の高山、それに続く連山、深く切り込まれた沢や川、それらに囲まれた扇状地の発達や盆地の存在、沖積平野など、この入り組んだ地形の複雑さは、気候や環境、風土の多様性を生みだす舞台となっている。

気温の三角関数近似

地球は太陽を中心に一年周期でまわっている。また、地球の自転は反時計まわりで二四時間かけて一回転する。さらに、地球の自転軸は公転面に対して垂直ではなく、六六・五度ほど傾斜している。これらの天体運動から、周期性をもち、四季の変化をもたらしている。緯度の関係から、北緯四〇度は北半球で季節変化が顕著にあらわれる地域でもある。気温はその周期性の代表格であり、秋田県内での特徴点について明らかにしたい。

比較として、沿岸部の県中央部の秋田市、県南部雄物川流域横手盆地の中心地の横手市、県北部の米代川流域の鷹巣盆地の中心地の北秋田市鷹巣町の三地点で比較する。

秋田地方気象台発行の「農業気象月報」による過去二〇ケ年間のアメダスの旬（一〇日）平均値で、三観測所の日平均気温、日最高気温、日最低気温について整理した。気温は、海水温や気象現象により年によって大きく変動するため、できるだけ平均的な値で求める目的で旬平均値で処理した。

秋田市の日平均気温は摂氏一一・一度、横手市は秋田市より〇・六度、鷹巣町では一・四度低い。日最高気温では、秋田市の一五・一度に対して、横手市では〇・三度、鷹巣町では〇・六度低く、その差は小さい。一方、日最低気温では、秋田市の七・四度に対して、横手市では〇・九度、鷹巣町では二・〇度低く、その温度開差は大きい。鷹巣町は、秋田市や横手市にくらべて寒暖の差が大きい。

そこで、これらの気温分布は一年周期で規則的に変化するので、正弦曲線の三角関数での近似式で求めた。気温を三角関数（ｓｉｎカーブ）による近似式で一年周期で整理するものである。年間気温を三

観 測 所 の 位 置

観測所名	秋　田　市	横　手　市	北 秋 田 市
緯　　度	北緯 39度42. 9分	北緯 39度19. 1分	北緯 40度13. 6分
経　　度	東経140度06. 2分	東経140度33. 5分	東経140度22. 6分
標　　高	ＥＬ. 6. 3m	ＥＬ. 59. 0m	ＥＬ. 29. 0m

各観測所での累計平均気温

	平均気温（℃）			最高気温（℃）			最低気温（℃）		
	秋田市	横手市	北秋田市	秋田市	横手市	北秋田市	秋田市	横手市	北秋田市
1月上旬	0. 1	−1. 1	−1. 5	2. 9	1. 6	1. 7	−2. 6	−3. 9	−4. 7
中旬	−0. 6	−2. 6	−2. 7	2. 2	−0. 2	0. 1	−3. 4	−5. 3	−5. 6
下旬	−0. 8	−2. 5	−2. 7	2. 1	0. 0	0. 2	−3. 6	−5. 4	−6. 0
2月上旬	−0. 7	−2. 4	−2. 6	2. 2	0. 2	0. 8	−3. 7	−5. 5	−6. 2
中旬	−0. 3	−1. 6	−1. 8	2. 8	1. 1	1. 6	−3. 4	−4. 4	−5. 2
下旬	0. 2	−0. 9	−0. 9	3. 3	2. 1	2. 4	2. 0	−3. 8	−4. 2
3月上旬	1. 2	0. 1	−0. 4	4. 6	3. 6	3. 6	−2. 1	−3. 5	−4. 5
中旬	2. 6	1. 6	1. 4	6. 3	5. 3	5. 8	−1. 1	−2. 1	−2. 8
下旬	4. 4	3. 3	3. 0	8. 5	7. 7	8. 2	0. 5	−0. 8	−1. 7
4月上旬	7. 2	6. 5	6. 1	11. 5	12. 0	12. 0	2. 9	1. 5	0. 5
中旬	9. 0	8. 3	7. 5	13. 6	13. 5	13. 2	4. 4	3. 5	2. 1
下旬	11. 0	10. 9	9. 9	15. 6	16. 7	15. 8	6. 3	5. 3	4. 0
5月上旬	12. 8	13. 2	12. 1	17. 4	19. 0	18. 0	8. 3	7. 6	6. 2
中旬	14. 3	14. 0	12. 9	18. 9	19. 3	18. 3	9. 5	8. 9	7. 4
下旬	15. 3	15. 3	14. 5	19. 8	20. 9	20. 2	11. 0	10. 1	9. 1
6月上旬	17. 6	18. 4	17. 5	21. 9	23. 8	23. 1	13. 4	13. 5	12. 3
中旬	18. 8	18. 9	18. 1	22. 7	24. 1	23. 5	14. 7	14. 4	13. 2
下旬	19. 8	19. 7	19. 2	23. 6	24. 0	24. 1	16. 2	16. 0	14. 8
7月上旬	20. 9	20. 8	20. 0	24. 7	25. 3	24. 8	17. 5	17. 0	15. 8
中旬	22. 2	21. 9	21. 3	25. 8	26. 2	25. 9	19. 0	18. 5	17. 3
下旬	24. 4	23. 8	22. 9	28. 3	28. 4	27. 8	20. 9	19. 9	18. 8
8月上旬	24. 7	24. 8	23. 9	28. 8	29. 9	29. 2	21. 1	20. 5	18. 5
中旬	24. 8	25. 2	24. 2	29. 0	30. 2	29. 8	21. 1	21. 0	19. 6
下旬	23. 7	23. 7	22. 7	28. 0	28. 6	27. 9	20. 0	19. 9	18. 7
9月上旬	21. 8	21. 5	20. 5	26. 1	26. 0	25. 3	18. 8	17. 8	16. 4
中旬	19. 5	19. 3	18. 1	23. 9	24. 1	23. 7	15. 6	15. 2	13. 5
下旬	17. 4	17. 0	15. 8	22. 0	22. 0	21. 4	13. 1	12. 7	11. 1
10月上旬	15. 0	14. 7	13. 7	19. 9	19. 9	19. 5	10. 4	10. 2	8. 7
中旬	13. 2	13. 2	11. 9	18. 2	18. 3	17. 8	8. 7	8. 6	6. 8
下旬	11. 4	9. 7	8. 5	16. 0	14. 9	14. 3	7. 1	5. 2	3. 6
11月上旬	9. 6	8. 8	7. 7	14. 2	13. 7	13. 0	5. 2	4. 5	3. 0
中旬	7. 2	6. 0	5. 0	11. 3	9. 9	9. 5	3. 4	2. 3	1. 0
下旬	5. 5	4. 2	3. 5	9. 0	7. 8	7. 7	2. 0	0. 8	−0. 3
12月上旬	4. 0	3. 1	2. 7	7. 4	6. 4	6. 1	0. 9	0. 0	−0. 5
中旬	2. 4	0. 7	0. 4	5. 4	3. 3	3. 2	− 0. 4	−1. 8	−2. 3
下旬	1. 1	0. 1	−0. 1	4. 1	2. 9	2. 9	− 1. 7	−2. 8	−3. 1
平　均	11. 13	10. 49	9. 79	15. 06	14. 79	14. 51	7. 43	6. 54	5. 42

角関数で近似する場合、特殊な場合を除いて、卓越周期は一年周期、一／二年周期、一／三年周期の順であることが経験的に知られている。気温の振幅と位相差が少なくなるように、トライアル計算により三角関数の多項式で求めた。計算手順を以下に示す。

①．第一項（一年周期）の近似について、周期一／三六五×二πに固定し、振幅を年間の最高気温と最低気温の一／二、位相差を年最高気温と最低気温の日の中間から一月一日までの日数と仮定し、観測気温データと近似式の残差平方和を求める。振幅の位相差（振幅）を微調整して残差平方和が一番小さくなる値を求める。

②．①の近似式で求められた気温と観測気温の差を計算し、これを元データとして同様に第二項式を求める。周期は二／三六五×二πに固定し、振幅は元データの最高と最低の一／二、位相差を元元データの最高値と最低値の日の中間から一月一日までの日数（最大二／三六五）として振幅および位相差を微修正する。

③．同様に第三項式をもとめた。

④．年間気温変動について、三角関数の多項式による近似の諸定数は表のとおりとなる

日平均気温の経年温度変化は、三地点で有意の差はあまり認められない。日最低気温は、秋田市、横手市、鷹巣町の順で低く、一定の開差で推移している。日平均気温、日最低気温は、季別にほぼ対称な曲線分布を示している。一方、日最高気温の経年変化にはある特徴が認められる。五月から六月下旬にかけて、ｓｉｎカーブが凸形に高くなっている。この現象は、春から初夏にかけてオホーツク海高気圧が北太平洋上で発達する。太平洋沿岸には、この高気圧から「ヤマセ」と呼ばれる寒気が吹きこむ。この寒気が奥羽脊梁山脈を越えるとフェーン現象により、季節温度より上昇傾向となる。「ヤマセ」は、

$$T = Ta + dT1 \sin \frac{1}{365} 2\pi (t - d1) + dT2 \sin \frac{2}{365} 2\pi (t - d2) + dT3 \sin \frac{3}{365} 2\pi (t - d3)$$

ここで T　：日気温（℃）
Ta　：年平均気温（℃）
dT1、dT2、dT3　：震幅（℃）
d1、d2、d3　：位相差（日）
$\frac{1 \cdot 2 \cdot 3}{365} 2\pi$　：周期
t　：1月1日からの日数

年間気温の三角関数による近似の諸定数

近似式の諸定数		平均気温（℃）			最高気温（℃）			最低気温（℃）		
		秋田市	横手市	鷹巣町	秋田市	横手市	鷹巣町	秋田市	横手市	鷹巣町
年平均気温 Ta（℃）		11．1	10．5	9．8	15．1	14．8	14．5	7．4	6．5	5．4
震幅（℃）	dt1	12．1	12．9	12．5	12．7	14．0	13．6	11．7	12．3	11．9
	dt2	0．6	0．5	0．6	0．8	1．1	1．0	1．0	1．0	1．2
	dt3	0．8	0．9	0．9	0．8	1．0	0．8	0．9	0．8	0．9
位相差（日）	d1	119	118	118	119	117	116	121	120	120
	d2	13	22	7	41	52	44	171	175	169
	d3	77	80	79	78	81	79	76	77	77

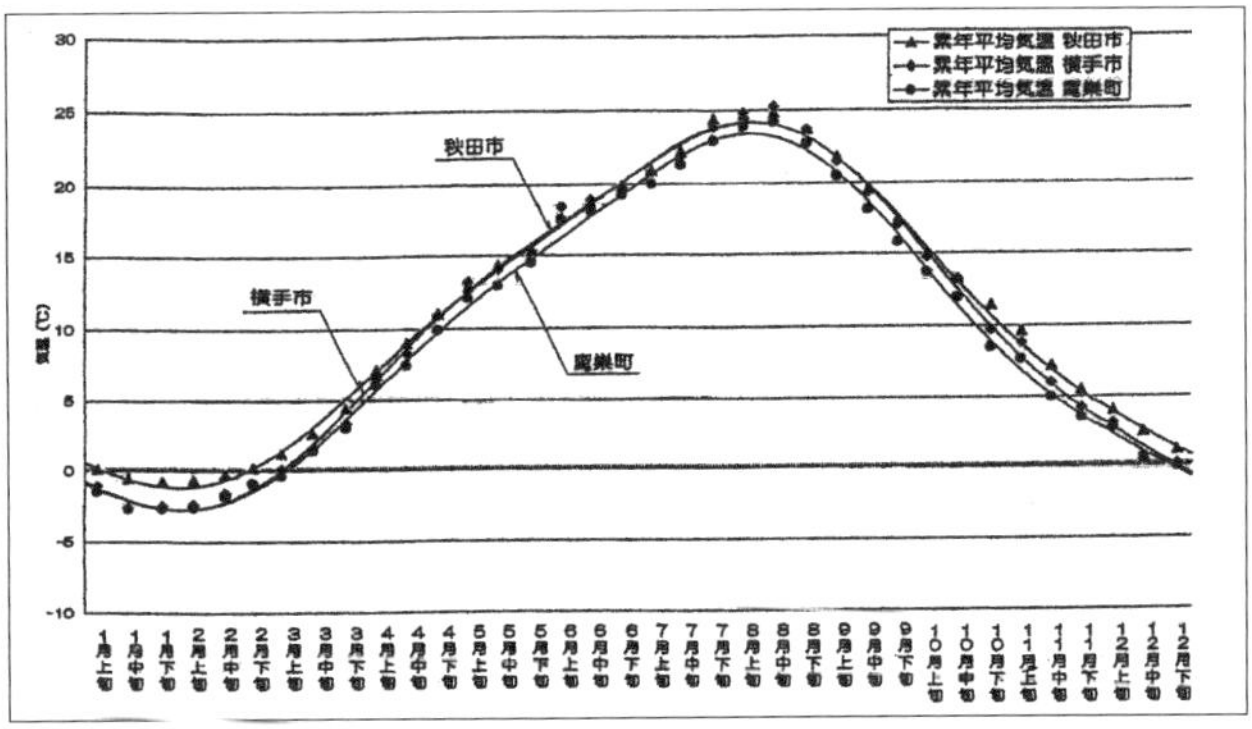

日平均気温の１年間の温度変化

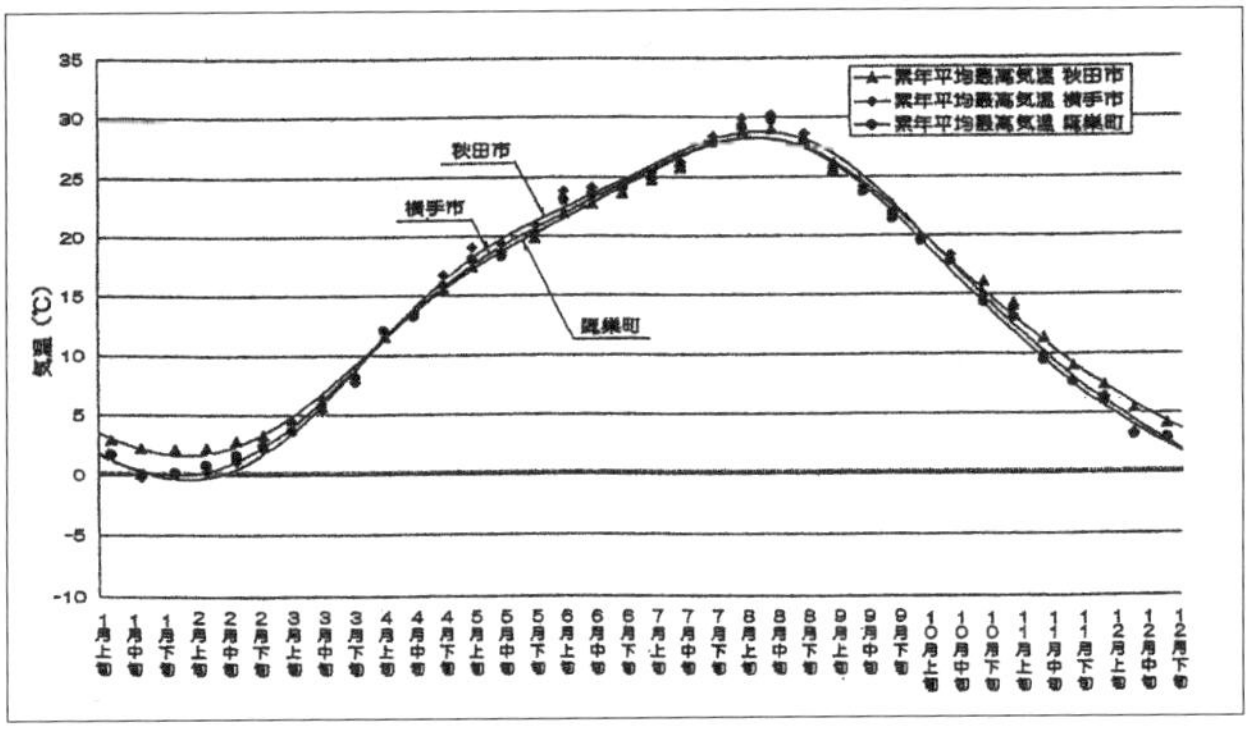

日最高気温の１年間の温度変化

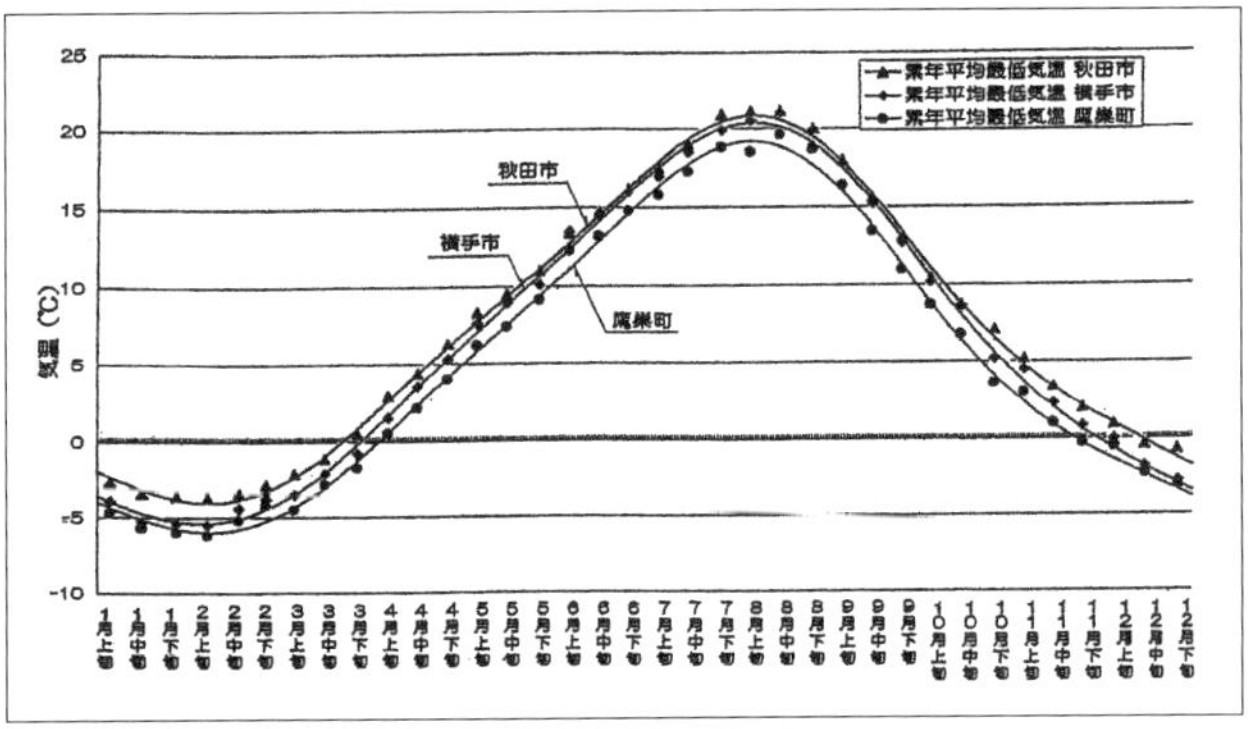

日最低気温の１年間の温度変化

期別の降水量と日照時間

	期間降水量（mm）			期間日照時間（hr）		
	秋田市	横手市	北秋田市	秋田市	横手市	北秋田市
梅　雨　期	217．2	254．5	287．9	293．1	187．5	211．8
積　雪　期	339．2	366．3	299．3	217．2	169．9	約 218

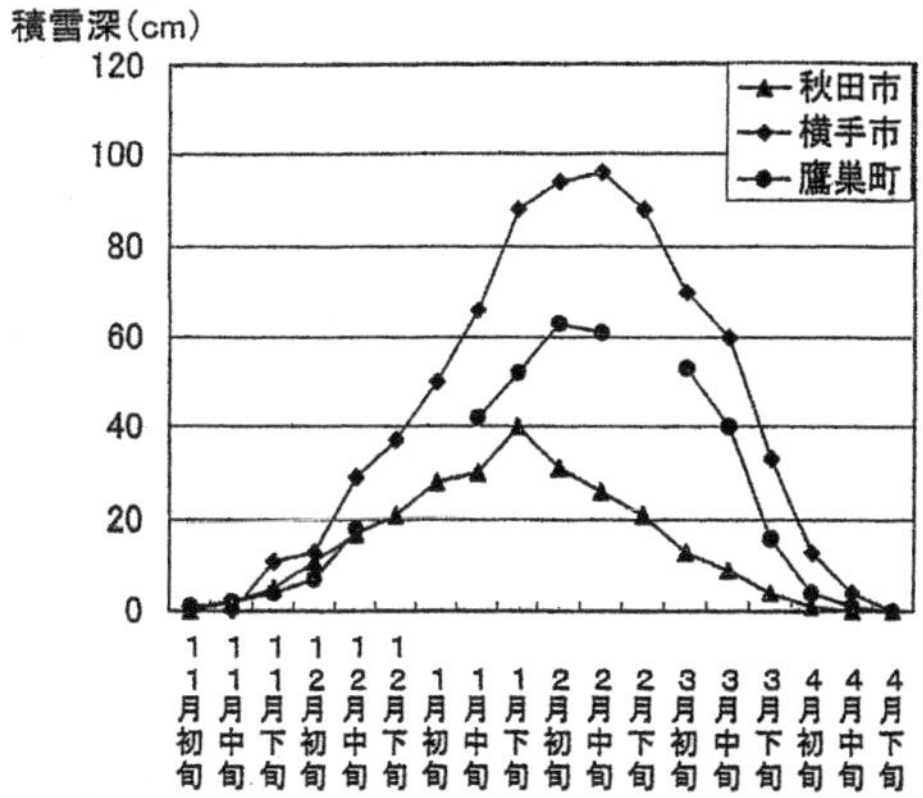

太平洋沿岸では冷害の要因となる。秋田県側では「宝風」と呼ばれ、稲作の生育には好気象条件である。

降水量・積雪量・日照時間

同様に、アメダスの累年の旬平均値から、年間降水量、積雪量、日照時間について整理した。

年間降水量は、沿岸部の秋田市で一、七四三ミリメートル、内陸部の横手市（二、五六〇ミリメートル）、北部の鷹巣町（一、六六〇ミリメートル）より約一〇〇〜二〇〇ミリメートル多い。内陸部では、鷹巣町が横手市より年間で約一〇〇ミリメートル少ない。年間降水量、日照時間について、経験的に例年生起する梅雨期（六月中旬〜七月下旬）と積雪期（一二月下旬〜三月中旬）について整理した。

期別に見ると、梅雨期間では、横手市と

鷹巣町では北部ほど降水量が多い。これは、梅雨末期に前線が押し上げられ、北部にいくほど活発化することによる要因と考えられる。一方、積雪期間での年間降水量に占める割合は、秋田市、鷹巣町が一八～一九パーセントであるのに対して、横手市では二四パーセントと約五パーセント程度多い。冬期間は、日本海の暖かい海水が蒸発し、アジア大陸で発達した高気圧からの寒気が吹きだし、北西の季節風が卓越する日本海側北日本型の気候で、内陸部の山間地域ほど豪雪地帯であることによる。積雪期間、横手市は鷹巣町より豪雪地帯であるため、降水量は年間で六七ミリメートル多い。

積雪深は、横手市が最も大きく最大九六センチメートル（二月中旬）、鷹巣町で六三センチメートル（二月中旬）、秋田市で四〇センチメートル（一月下旬）となっている。秋田市で最大積雪深が二月上～中旬に生起しないのは、北西の季節風が強く吹き、サラサラとした雪が飛ばされることが要因と考えられる。

日照時間は、年間で秋田市が一、六四六時間、横手市で一、二二〇時間、鷹巣町で欠測はあるものの約一、三三〇時間である。秋田県は全国的にも年間日照時間は最も短い地域に属する。ちなみに東京都の年間日照時間は一、九二〇時間。年間日照時間を一日あたりに換算すると、秋田市で四・五時間、横手市で三・三時間、北秋田市鷹巣町で三・七時間であり、沿岸部の秋田市が内陸部より約一時間程度多い。日照時間は冬季は夏季の約一／三になっている。梅雨期間は、横手市では降水量が少ないにもかかわらず、秋田市や鷹巣町より少ない。積雪期間は降雪の影響が反映し、横手市で少なく、秋田市と鷹巣町は同程度の時間である。雄物川流域や米代川流域の上流部で、色白でもち肌の美人が多のは、日照時間の少なさが一つの要因である、といわれるが、真偽のほどは定かでない。

温度示数

自然環境は、気温と降水量が大きく支配する。気温は緯度や高度に大きく依存し、降水量は海洋表層の循環や地形が寄与している。この自然環境に適した多種多様な生物が生態系を構成している。

気温は、低緯度地方ほど高く、極地が最も低い。一般に、熱帯、亜熱帯、暖温帯、冷温帯、亜寒帯、寒帯、極帯の七地域に分類される。降水量の多少から土壌水分量を尺度に、強乾燥、乾燥、半湿潤、湿潤の四地域に分類することができる。

海洋表面では、降水量にくらべて蒸発量が一割ほど多い。海面からの蒸発によって、この過剰な水蒸気は上昇気流などによって雲となり、大気をとおして陸域に移動する。この水蒸気は降水となって地表に到達し、河川を通して、やがて海洋にもどっていく。陸域に達した降水は、太陽光とともに地上の生物にとって生命の源となり、欠くことのできない物質である。

この降水量は、海洋表層の循環によって、地域的に著しくかたよりがある。降水量が極端に少なく地表が強乾燥した地域は砂漠となり、生物の生息はごく限られる。砂漠の面積は陸地の一／三を占める。少し湿潤した乾燥地域は、イネ科の種を主体とした草原となる。陸地面積の一／四近くを占める。それより少し多く湿潤した半湿潤地域では、草原に樹木が点在するサバンナとなる。降水量が十分な湿潤な地域は、生物の生息環境も良好で、植物群や背の高い樹木が茂る森林が生育する。森林の生態系に最も適した地域は、陸地面積の一／三にすぎない。

森林は、赤道付近の熱帯域と比較的高緯度な地域（温暖帯、冷寒帯、亜寒帯、亜寒帯）などに分布する。これに対して、砂漠・草原・サバンナなどの乾燥地域植生は、両者の熱帯域と高緯度域の間に広く分布している。

熱帯や亜熱帯の多雨林は、年間をとおして気温が高く土壌も湿潤である。このため、樹木は年中、葉をつけて生育する。これに対して、気温が生育条件として十分であるが、降水量に季節変動があり、雨季と乾季がある地域がある。乾季には乾燥に耐えるため葉を落とし、雨季だけ葉をつける。雨緑林と呼ばれている。

照葉樹林は、東アジアを特徴づける森林で、暖温帯に分布する。我が国ではシイ類、カシ類がなじみ深く、常緑広葉樹林である。暖温帯・冷温帯の落葉広葉樹林は、一部乾燥に耐えるものもあるが、大部分は寒さに順応するため落葉する。ナラ類、ブナ類がなじみ深い。寒い冬季は葉を落とし、夏季は緑の葉をつける。雨緑林に対して夏緑林と呼ばれる。もう少し寒い亜寒帯では、常緑針葉樹林でモミ類、トウヒ類がなじみ深い。

日本列島は南北に細長い島国である。モンスーン地帯に属し、降水量が多く土壌が湿潤のため、多様な森林が生育している。国土面積の約七〇パーセントが森林で占めている。森林にとって降水量は十分であり、水分不足が森林の生育を妨げることはない。温度だけが森林の分布を決めることになる。これに着目して、吉良竜夫は昭和二八（一九五三）年に、土壌の乾湿状態を横軸に、温度条件を縦軸にして植生の分布を整理している。

温度（気温）条件を暖かさの示数、寒さの示数としてあらわし、

暖かさの示数：月平均の気温が摂氏五度以上を超える気温について、月平均気温と摂氏五度との差について一二ケ月積算した温度

寒さの示数　：月平均の気温が摂氏五度以下の気温について、月平均気温と摂氏五度との差に

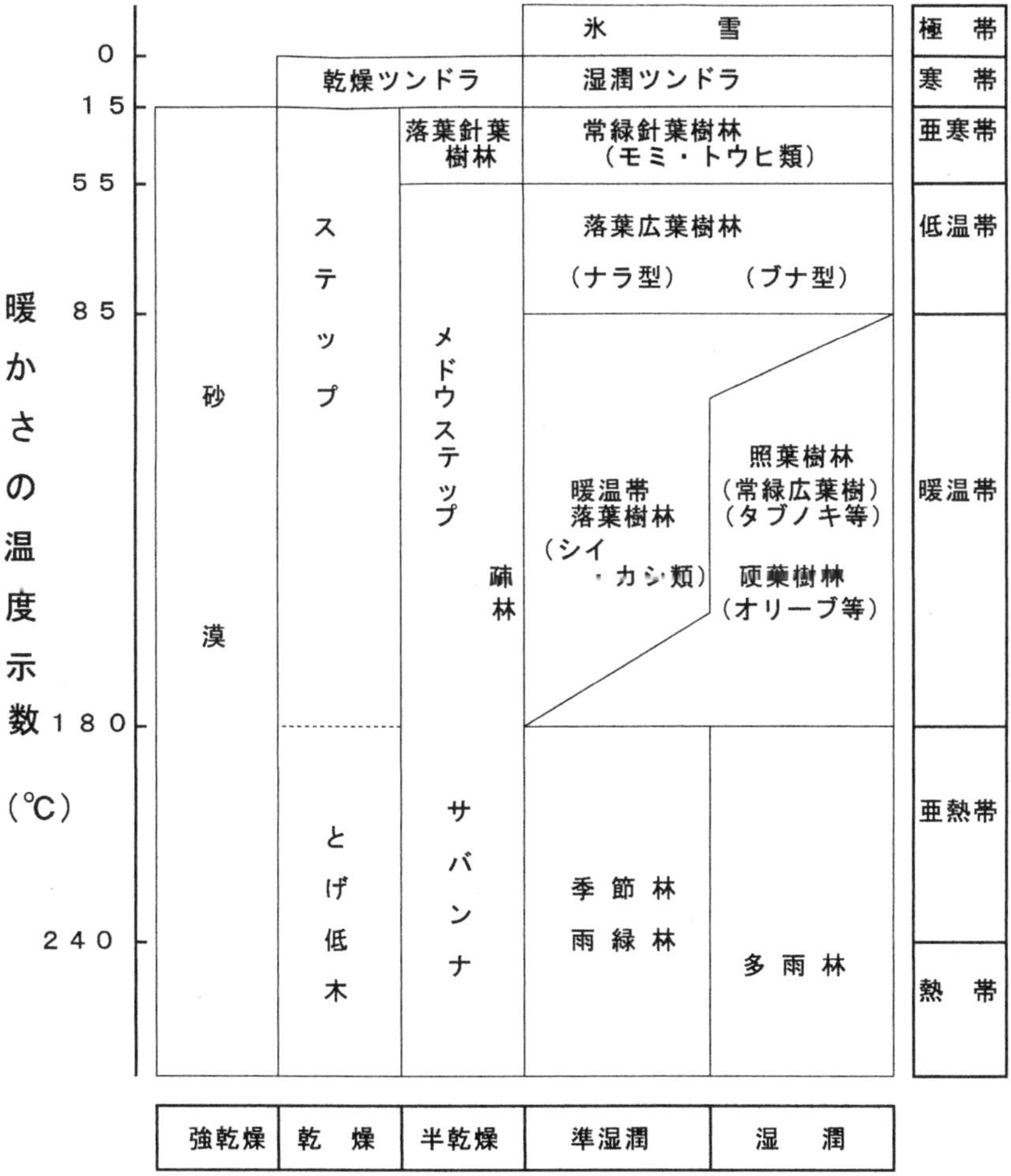

北半球の気候準区分と森林の分布（吉良竜夫　1953年　加筆修正）

暖かさおよび寒さの温度示数

	年平均気温（℃）			寒暖の示数（平均気温－５℃）		
月	秋田市	横手市	北秋田市	秋田市	横手市	北秋田市
１　月	－０．４３	－２．０７	－２．３０	－５．４３	－７．０７	－７．３０
２　月	－０．２７	－１．６３	－１．７７	－５．２７	－６．６３	－６．７７
３　月	２．７３	１．６７	１．３３	－２．２７	－３．３３	－３．６７
４　月	９．０７	８．５７	７．８３	４．０７	３．５７	２．８３
５　月	１４．１３	１４．１７	１３．１７	９．１３	９．１７	８．１３
６　月	１８．６７	１９．００	１８．２７	１３．６７	１４．００	１３．２７
７　月	２２．５０	２２．１７	２１．４０	１７．５０	１７．１７	１６．４０
８　月	２４．４０	２４．５７	２３．６０	１９．４０	１９．５７	１８．６０
９　月	１９．５７	１９．２７	１８．１３	１４．５７	１４．２７	１３．１３
１０　月	１３．２０	１２．５３	１１．３７	８．２０	７．５３	６．３７
１１　月	７．４３	６．３３	５．４０	２．４３	１．３８	０．４０
１２　月	２．５０	１．３０	１．００	－２．５０	－３．７０	－４．００
平　均	１１．１３	１０．４８	９．７９			
暖かさの示数				８８．９７	８６．６１	７９．１３
寒さの示数				－１６．４７	－２０．７３	－２１．７４

ついて一二ケ月積算した温度広域的な植生分布を区分した。土壌の乾湿状態の表現法もいろいろ提案されているが、相対評価で四区分としている。

この示数を秋田県内の分布について、秋田市、横手市、鷹巣町の三地点で、暖かさの示数と寒さの示数について整理した。暖かさの示数では、秋田市が摂氏八八・九七度、横手市が八六・六一度、鷹巣町が七九・一三度である。秋田市の観測所は沿岸地域のため、やや高い。秋田県内の平均的な地域での植生分布は、暖温帯落葉広葉樹樹林から冷温帯落葉広葉樹樹林に移行する地域であり、暖かさの示数がよく反映されている。

この暖かさの示数の移行する地域の摂氏八五度が、北緯四〇度の県南と県北の境界域にあたる、と考えてよいだろう。この北緯四〇度のラインは、北限の植物の生息域で、植生から構成される生態系の物質循環によって生物の生息域も北限のものが多いことが説明できる、といえるだろう。

北緯四〇度の表示板

当地域の自然環境を地元では無意識のうちに認識しているように思える。その例として、各地に北緯四〇度の表示板が多数設置されている。また、北緯四〇度をブランドとした農作物も販売されている。

干拓されて誕生した大潟村のほぼ中央に、北緯四〇度、東経一四〇度の交会点表示塔が昭和五一（一九七六）年に建立された。ここは国内の陸地で唯一、緯度と経度が一〇度単位で交わる地点である。男鹿半島突端の入道崎には、北緯四〇度のモニュメントが設置されている。北緯四〇度ライン上に石柱が建ちならび、観光客の目をひく。

国道七号の南秋田郡と山本郡の郡境付近には道路標識が設置されている。その脇の駐車帯にはペイントがほどこされ、同ライン上にはマドリードとフィラデルフィアの都市があることを表示している。さらに、上り車線の切土法面には、ほくい四〇度と、きれいに剪定された植栽がドライバーの目を楽しませてくれる。

国道二八五号には、「ようこそ　北緯四〇度　森と緑の里　上小阿仁村」の表示板が、県道四号の五城目町から三種町琴丘町の向かう途中にも北緯四〇度ラインの表示板が設置されている。

北緯40度の表示板（男鹿半島・入道崎）

北秋田市森吉町では、松栄から長野岱をすこし過ぎたところの農道脇に松岡養鶏場がある。北緯四〇度の表示とともに案内板が設置されている。森吉山ダム建設工事にともない、水没移転者が森吉支所の役場前の狐岱に集団移転した。この養鶏場は集団移転地内で養鶏していたため、この地に移転したものである。

東北自動車道の岩手県安比高原の前森山トンネル入り口付近には、北緯四〇度の表示とともに、松尾と北京が同じ北緯の都市であることが掲げている。さらに、岩手県普代村の黒崎灯台には、北緯四〇度のシンボル塔が設置されている。

男鹿市若美町では、美人を育てる秋田米、わかみアムスメロンなど、北緯四〇度をブランドとして農作物の販売に精力的に取り組んでいる。

平成の大合併前は、県内の自治体数は八市五〇町一〇村で、合併後は一三市九町三村と激減した。地名からその土地の状況や命名された当時の歴史的背景などを知ることができる。地名は、はじめから名前があったわけではない。その地域で暗黙のうちに了解し合意されて使われた。地名にはそれぞれ意味があり、理由はあり、歴史がある。先祖が残してくれた大地に刻まれた貴重な財産である。各自治体ごとに、自然環境と折り合いながら醸成された地域性の特色をもっている。生活、文化、習慣などの多様性がある。合併によって失われていくものも多い、と思えるが。

郡境や市町村界で自然環境の植生や気候など、微妙な変化を感じる。曇天から町堺をまたいで雨が降りだしている。秋の早朝、放射冷却による濃霧で白い世界が、峠を越えると雲一つない青空が広がる。方言やイントネーションも微妙な違いがある。

このような違いを無意識なうちに意識し、日常生活を送っている。その意識の一つの具体例が、北緯四〇度の表示板にみることができる。

雄物川水系と米代川水系の比較

対 比 項 目	雄 物 川 水 系	米 代 川 水 系
源流	秋田・山形県境に位置する大仙山 （標高９２０m）	秋田・岩手・青森県境に位置する中岳 （標高１，０２４m）
本流の幹線流路延長	１３３キロメートル	１３６キロメートル
流域面積	４，７１０平方キロメートル	４，１００平方キロメートル
流域の形状	中央がくびれたツボ形の四角形	東西南北方向の長さが同じ五角形
流域面積の県比率	４０．６パーセント	３５．３パーセント
支流の河川数	１６８	６９
河川の流れ	南から北への南北方向	東から西への東西方向
直轄管理区間	１４８．２キロメートル	７５．６キロメートル
流域内人口	約２９万人（５市２町１村）	約２９万人（４市２町１村）
基本高水流量	９，８００立法メートル／秒 １／１５０（椿川地点）	９，２００立法メートル／秒 １／１００（二ツ井地点）
洪水想定氾濫面積	５０３．５平方キロメートル	４６４．２平方キロメートル
かんがい面積	７２，７４０ヘクタール	１４，９００ヘクタール
正常流量	１００平方キロメートルあたり １．９８３立法メートル／秒（椿川）	１００平方キロメートルあたり １．２００立法メートル／秒（二ツ井）
命名の由来	昔「御物川」と書いた。『享保郡邑紀』に「仙北三郡の貢物（御物成）をば舟にてつみ下川なれば御物川と申す」とある。また、源流に雄物沢（御膳沢）があり、その水が流れてくるので雄物川となる。	安代町のダンブリ長者の屋敷から多量の米のとぎ汁が川下まで白く濁って流れたので「米白川」となり、のちに「米代川」となったという起源語説話からとされている。
水系の盆地	横手盆地	花輪・大館・鷹巣盆地が「棚田状」に配列
盆地の形成	陥没盆地	陥没盆地
盆地形成の伝説	鳥の海伝説	八郎太郎伝説
埋没建物遺跡の存在	確認されていない	現在まで９ケ所の建物遺跡が確認されている
舟運の主要物資輸送	米穀類	秋田スギ、銅などの鉱物資源
年平均気温	横手市で摂氏１０．４８度	北秋田市鷹巣町で摂氏９．７９度
年平均最高気温	１４．７９度	１４．５１度
年平均最低気温	６．５４度	５．４２度
年間降水量	１，５６０．４ミリメートル	１，６６０．５ミリメートル
年間日照時間	約１，２００時間	約１，３１０時間
暖かさの示数	横手市で８６．６１度	北秋田市鷹巣町で７９．１３度
寒さの示数	－２０．７３度	－２１．７４度
支配植生	暖温帯落葉広葉樹林が混交する植生	冷温帯落葉広葉樹林がが支配的な植生
縄文時代の土器様式	大木土器様式の文化圏	円筒土器様式の文化圏
縄文時代の死者埋葬	西枕は多いが一定方向ではない	西枕＝西北頭位
弥生時代	弥生時代の遺跡が分布する	続縄文文化
擦文土器の存在	擦文土器文化圏外	擦文土器文化圏の南限
古墳の存在	古墳文化圏（北限が五城目町の岩野山）	古墳文化圏外
城柵官衙の存在	払田柵など官衙の経営で開発された	存在は確認されていない
１０世紀の中央支配	秋田城の支配地域	支配が及ばず従属的関係

あとがきにかえて

その地域の環境は、人びとと自然との関わりのなかで、地形、気候、気温が支配的である植生などの生態系が大きく寄与する。具体的に環境は、自然観、世界観、行動様式、思考法などまで決定づける根源的な要素である。

日本は西洋の「石の文化」に対して「木の文化」といわれる。日本列島は緑豊な自然で、西日本は暖温帯のシイ・カシ類の照葉樹林帯文化、東日本は暖温帯~冷温帯のナラ・ブナ林帯文化に分類される。森林地帯は生態系が循環している。生あるものは死滅しても種を残し、また生まれ育つ。循環・輪廻の思想が育まれる。草にも木にも石にも山にも、自然現象、森羅万象に神々が宿る。多教神の土壌があり、神道や仏教的思想が醸成された。自らの願に救いを求め、穏やかで平和を願う。自然信仰は、山自体のご神体、木立に囲まれた神社仏閣の信仰の場など象徴的である。思考法は閉鎖性の傾向が大きい。一方、森林のない砂漠地帯では、右か左かの二進法の選択に迫られる。水と緑のない世界では、進むべき方向を間違えば、命の危機にさらされる。頼れるのは自分自身である。このため、生き延びるために厳しい戒律を課す。一教神の思想で、森林帯文化の閉鎖性に対して全体の中から選択する俯瞰的思考法となる。この砂漠地帯の思考が西進し、植生の少ないヨーロッパ地方に根づいた。この地方では、過度の自然利用、収奪、破壊が進み、一八世紀には、すでに自然保護思想が芽ばえた。

このように自然環境との関わりで、循環・輪廻の思想が濃密に醸成され、地域固有の豊かな文化が育まれた。これらの文化は、関係者の努力によって若い世代に確実に伝承されている。文化財の価値は、地域によって優劣があるものではない。それぞれの地域環境と歴史的な背景、生活習慣などより生みだされたものである。郷土史、地方史、地域史を掘り起こす活動も活発で、各種団体が特色ある活動をしている。

旧石器時代は、先人が日本列島各地に到来した足跡によって確認されている。県内では約二〇、〇〇〇年前から住みはじめたようだ。生業は狩猟採取で生活圏は広くない。移動の障害は、山、川、海などで、その地域の環境に適応した生活を営んでいた。

縄文時代は、基本的に旧石器時代の生活圏を踏襲するかたちで住みついた。県内の気候特性から県南と県北では、土器様式の違いや生活習慣の違いが顕著にあらわれる。土器の様式の違いの分類はできるが、その違いがなぜ生じたのかを知ることは、それを取り巻く環境に着目することが必要ではないのかと問いかけている。歴史や文化の多様性は環境と密接に関わっている。縄文時代終期には、寒冷化が進み食物が減少し、人口が急激に減少した。最盛期に二六〇、〇〇〇人が約二、〇〇〇年間で一／三にまで減少した。それでも、縄文文化の中心地は東北地方にあった。

弥生時代は稲作が主体となるが、県南は稲作がある程度定着するが、県北はむしろ縄文文化がなお継承した続縄文文化が色濃く残された。気候の関係から北部では稲作が適していなかった。

古墳時代、ヤマト政権の北進が進行する時期にあたる。古墳の造営は、その勢力の浸透を物語る象徴。古墳の北限は、県中央部の馬場目川沿いの岩野山古墳群で、それ以北には進出していない。

律令国家の成立にともない、政府の出先機関の最前線基地として、秋田城が建造された。現地民は激しい抵抗を試みた。抵抗勢力もまた、県央や県北を中心とする集団であった。

中央政権が全国統一の最終段階で、鎌倉幕府に最後まで抵抗したのが大河兼任の乱であった。政治的統合が進んでいく中、独自に花開いた伝統・文化や平和を守る気骨ある決断であった。

日本海に接する出羽国は、古来から海外との交流が活発に行われていた。秋田城は北の迎賓館の役目を果たしていたらしい。阿仁銅山は鎖国の中、産銅が幕府の財政を支える主要な資源であった。

秋田三湖物語を地域学という視点で解釈する方法で試みた。伝説や民話は単なるつくり話ではない。地形の成り立ち、自然災害の歴史、地域開発の経緯や民衆の心性など、奥深い内容である。

動植物の生息をみると、北限といわれるものが多く存在している。これは温度示数によって説明できる。北緯四〇度がその境界であるようだ。

複雑化する現代社会は大きな波にさらされている。情報化時代の到来である。情報通信技術のＩＣＴ、さまざまな情報とモノとカネがインターネットを媒体としてつながって情報交換するＩＯＴ、人工頭脳のＡＩなど。国境を越え、ヒト、モノ、カネ、情報が大量に高速で行きかうグローバル化が進んでいる。知りたい情報はすぐ手に入る。遠い陳腐な情報を追い求め、本当に必要な自分や生活周辺の情報はないがしろにされている。

地域学は、広い視野に立脚し、自らを取り巻く環境に着目し、地域を知り、歴史を知り、生活・文化など、そこで暮らす人びとを知ることによって、自らの住む地域を多面的、本質的な価値を見いだすことにある。地域から学び、自己研鑽し、経験し、仕事や各種活動を通して社会貢献する姿勢や価値観は、その人の人格を形成することにほかならない。

◉参考文献

赤坂憲雄『方法としての東北』柏書房株式会社　二〇〇七年一〇月

季刊『東北学』第六号　東北文化研究センター　二〇〇六年一月

季刊『東北学』第一一号　東北文化研究センター　二〇〇七年四月

秋田魁新報社編『秋田大百科事典』秋田魁新報社　一九八〇年九月

東北地方土木地質図編纂委員会『東北地方土木地質図』一九八五年三月

岡本隆一ほか『土木地質』技報堂出版　一九八四年五月

春日儀人　目で見る『鶴岡の歴史』エビスヤ書店　一九八四年四月

日本第四紀学会編『図説・日本の人類足跡』東京大学出版会　一九九四年一〇月

秋田県教育委員会編『秋田の有形文化財』無明舎出版　二〇〇一年一二月

秋田県教育委員会編『秋田名勝・天然記念物』秋田文化出版　二〇〇四年三月

飯塚喜市『秋田の文化財』無明舎出版　一九七八年七月

田口勝一郎ほか『図説・秋田県の歴史』河出書房新社　一九七八年七月

阿子島香編　東北の古代史1『北の原始時代』吉川弘文館　二〇一五年八月

藤沢敦編　東北の古代史2『倭国の形成と東北』吉川弘文館　二〇一五年一〇月

熊谷公男編　東北の古代史3『蝦夷と城柵の時代』吉川弘文館　二〇一五年一二月

鈴木拓也編　東北の古代史4『三八年戦争と蝦夷政策の転換』吉川弘文館　二〇一六年六月

樋口知志編　東北の古代史5『前九年・後三年合戦と兵の時代』吉川弘文館　二〇一六年四月

柳原敏昭編　東北の中世史1『平泉の光芒』吉川弘文館　二〇一五年九月

七海雅人編　東北の中世史2『鎌倉幕府と東北』吉川弘文館　二〇一五年九月

白根康夫編　東北の中世史3『室町幕府と東北の国人』吉川弘文館　二〇一五年一一月

遠藤ゆり子編　東北の中世史4『伊達氏と戦国争乱』吉川弘文館　二〇一七年七月

高橋充編　東北の中世史5『東北近世の胎動』吉川弘文館　二〇一六年三月

冨樫泰時　日本の古代遺跡二四『秋田』保育社　一九八五年一〇月

藤沢衛彦『日本の伝説』東北・北海道　河出書房新社　二〇一八年一二月

森先一貴／近江俊秀『境界の日本史』地域性の違いはどう生まれたのか　朝日新聞出版　二〇一九年四月

川村公一編著　子孫に残す歴史の記録『森吉路』　無明舎出版　一九九三年三月
川村公一著『米代川』その治水と利水の歴史　無明舎出版　一九九四年三月
新野直吉『秋田の歴史』改訂版　秋田魁新報社　一九八九年八月
塩谷順耳ほか『秋田県の歴史』　山川出版社　二〇〇一年五月
板橋範芳編著　街道の日本史九『北秋田と羽州街道』　吉川弘文館　二〇〇〇年一二月
國安寛編著　街道の日本史一〇『雄物川と羽州街道』　吉川弘文館　二〇〇一年三月
佐藤晃之輔『秋田・八郎湖畔の歴史散歩』　秋田文化出版　二〇一八年一一月
『菅江真澄遊覧記五』平凡社　二〇〇〇年八月
田口昌樹編　菅江真澄図絵集『秋田の風景』　無明舎出版　二〇〇六年七月
山川ビジュアル版『日本史図録』　山川出版　二〇一四年一二月
川村公一『環境論ノート』新たなパラダイムを求めて　無明舎出版　一九九五年九月
川村公一　土木工学界の巨星『物部長穂』　無明舎出版　一九九六年一〇月
新野直吉『古代史上の秋田』　秋田魁新報社　一九八二年一一月
塩谷順耳『中世の秋田』秋田魁新報社　一九八二年一〇月
新野直吉編著『近世の秋田』　秋田魁新報社　一九九一年一一月
国安寛編著『近代の秋田』　秋田魁新報社　一九九一年一一月
佐々木義廣　あきた物語『源流から明日へ』　秋田魁新報社　二〇〇五年八月
埖文彦　増補『吾妻鏡の方法』事実と神話にみる中世《新装版》吉川弘文館　二〇一八年九月
秋田県の歴史散歩編集委員会『秋田県の歴史散歩』　山川出版社　二〇〇八年七月
加藤貞仁『北前船』寄港地し交易の物語　無明舎出版　二〇〇〇年一〇月
斉藤利夫　忘れられたもうひとつの十和田湖『霊山十和田』文化出版　二〇一八年九月
新野直吉　論点『あきた史』　秋田魁新報社　一九九九年一一月
安倍甲『男鹿ガイドブック』無明舎出版　一九九九年九月
ぬめひろし『地名譚』秋田文化出版　一九八八年七月
天野荘平／谷口吉光『八郎潟と八郎太郎』～八郎太郎信仰と伝説の地を訪ねて～　秋田県立大学生物資源学部　二〇一三年三月
あんばいこう『秋田学入門』無明舎出版　二〇一九年六月
石井正巳編『菅江真澄が見た日本』三弥井書店　二〇一八年八月

秋田県教育委員会『脇本埋没家屋第一次～第三次調査概報』一九六五～一九六七年三月

秋田県教育委員会『胡桃館埋没建物遺跡発掘調査第一次～第三次概報』一九六八～一九六八年三月

長岐喜代次　秋田の古文書研究シリーズ（一）古代の謎『埋没家屋』小猿部古文書解読研究会　一九九三年六月

板橋範芳『大館市道目木遺跡埋没家屋調査概報』大館郷土博物館研究紀要　二〇〇〇年三月

国立天文台編『理科年表』二〇一九　第九二冊　丸善出版　二〇一八年一一月

鷹巣町史編纂委員会『鷹巣町史』第一～三巻　一九八九年三月

川村公一『米代川の風土と文化』日本歴史文化学会論文集四号　二〇〇三年三月

川村公一『植物等の浄化作用を利用した古川の水質浄化』―自然環境との共生をめざして―　土木施工　山海堂　二〇〇三年九月

菊沢喜八郎『森林の生態学』共立出版　一九九九年七月

北野康　新版『水の科学』日本放送出版協会　一九九五年一月

只木良也　新版『森と人間の文化史』日本放送出版協会　二〇一〇年一〇月

ウィキペディア

秋田魁新報　新聞記事

著者略歴

川村公一（かわむら・こういち）

1950年、秋田県能代市に生まれる。東京理科大学理学部物理学科卒業、秋田大学大学院工学資源学研究科後期博士課程修了
建設省、国土交通省　土木研究所河川部、森吉山ダム工事事務所、秋田河川国道事務所など
湯沢河川国道事務所を最後に退官。
現在、東京コンサルタンツ（株）東北支店技師長　／博士（工学）、技術士（建設部門）
主な著書　「環境論ノート」無明舎出版、「物部長穂」無明舎出版、「川で実践する」福祉・医療・教育共著　学芸出版社　など

北緯四〇度の秋田学

発行日　2020年２月20日　初版発行
定　価　〔本体1700円＋税〕
著　者　川村公一
発行者　安倍　甲
発行所　㈲無明舎出版
秋田市広面字川崎112-1
電話（018）832-5680
FAX（018）832-5137
製　版　有限会社三浦印刷
印刷・製本　株式会社シナノ

ISBN978-4-89544-656-3